Sonderanhang zur Grundbuchordnung

von **Dr. Paul Thieme**
Senatspräsident in Celle

für das Land Hessen

von **Dr. jur. Heinrich Eise**
Amtsgerichtsdirektor a. D., Darmstadt.

(Stand: 1. Juni 1949)

Sonderanhang zur Grundbuchordnung

von **Dr. Paul Thieme**
Senatspräsident in Celle

für das Land Hessen

von **Dr. jur. Heinrich Eise**
Amtsgerichtsdirektor a. D., Darmstadt.

(Stand: 1. Juni 1949)

Zusätzliche Abkürzungen.

A. = Grundbuchausschreiben des Hess. Just.-Min. 1900—1935.
ABl. = Amtsblatt desselben Ministeriums 1900—1935.
AGBGB. = Hess. Ausführungsges. zum BGB. vom 17 Juli 1899.
AGGBO. = Hess. Ausführungsges. zur Grundbuchordnung vom 22. Juli 1899
AnGBO. = Anordnungen zur Ausf. der GBO. vom 14. Januar 1900.
AVGBO = Ausführungsverordnung über die Anlegung des Grundbuchs und Ausführung der GBO. vom 13. Januar 1900.
AGZVG. = Ausführungsges. zum Zwangsversteigerungsges. vom 23. Juli 1899.
AmABl. = Amtsblatt für die amerikanische Zone.
AV. = Allgemeine Verfügung des ReichsjustizMin., veröffentlicht in der Deutschen Justiz (DJ.).
AVO. = Ausführungsverordnung Nr. 1 zum MRG. Nr. 2.
DJ. = Deutsche Justiz.
GSB. = Gesetz zur Beschaffung von Siedlungsland und zur Bodenreform vom 15. Oktober 1946 (GVBl. S 218).
GVBl. = Gesetz- und Verordnungsblatt für das Land Hessen (seit 194̇)
LGO. = Hess. Landgüterordnung vom 1 Januar 1947 (GVBl. 1948 S. 12).
OLGPr. = Ausschreiben des OberlandesgerPräs. Darmstadt von 1935—1945.
RegBl. = Regierungsblatt für Hessen bis 1945.
RJM. = Reichsjustizminister.
RdEJM. = Runderlaß des Min. der Justiz im Hess. Ministerium Wiesbaden (seit 1945).
RErstG. = Rückerstattungsgesetz KRG Nr. 59 vom 10. November 1947 (GVBl. 1947 Beil. 9).
StA. = Staatsanzeiger für das Land Hessen.

Buch = Die Grundbuchordnung vom 5. August 1935 und das Verzeichnis der Grundstücke. Verlag Wichmann, Berlin 1941.
Best = Die Hessischen Gesetze, Verordnungen und Dienstanweisungen zur Ausführung des BGB. und seiner Nebengesetze, 4 Bände 1900 und ErgBd. 1916. Verlag Diemer, Mainz.
Sammlung Müller = Sammlung der Gesetze, Anordnungen und Amtsblätter der MilReg. Amerik. Zone von Rechtsanwalt Anders, Verlag C. F. Müller.
Reh = Reh-Heyer-Gros, Gesetzsammlung für den Freistaat Hessen 1815 bis 1944.
Rösch-Kurandt = Reichsbodenschätzung und Reichskataster, Verlag Heymann, Berlin, 1939.
Wolf = Wolf-Gauf-Fuchs, Hessisches Landesprivatrecht, Ergänzungsbd. VII zu Dernburg, das bürgerliche Recht des Deutschen Reichs und Preußens, Halle 1910.

Vorbemerkung. Die Darstellung umfaßt das im Lande Hessen, Reg.-Bez. **Darmstadt,** also in den früheren Provinzen Oberhessen und Starkenburg, seit der Anlegung des Grundbuchs auf Grund der GBO. vom 24. 3. 1897 geltende Grundbuchrecht. Dieses Recht gilt mit den damals angelegten und den seit 1936 auf das Reichsmuster umgeschriebenen neuen Grundbüchern hier wie in Rheinhessen (jetzt zu Rheinland-Pfalz — franz. Zone — gehörig) weiter, soweit es nicht ausdrücklich durch Vorschriften der MilReg. oder durch die seit 1945 erlassene neue deutsche Gesetzgebung aufgehoben ist oder soweit es sonst den Vorschriften oder dem Geist des neuen Rechts nicht entgegensteht. Sie umfaßt weiter das für das ganze **Land Hessen** (amer. Zone), also auch für die Reg.-Bez. **Kassel** und **Wiesbaden,** seit Oktober 1945 geltende **neue** Recht, bekanntgegeben durch das Ges.- und Verordn.-Blatt für das Land Hessen mit den Beilagen der Gesetze und Anordnungen des KR. und der amer. MilReg. Wegen des in den Reg.-Bez. **Kassel** (einschließlich des ehem. Fürstentums **Waldeck**) und **Wiesbaden** geltenden Sonderrechts wird auf den Hauptkommentar verwiesen.

Zu § 1 GBO. S. 17.

Grundbuchämter sind schon seit Anlegung der neuen Grundbücher die Amtsgerichte (AGGBO. Art. 1). Bis dahin wurden die hessischen Grundbücher getrennt von Hypothekenbüchern bei den Ortsgerichten in jeder Gemeinde geführt. Nur erstere werden dort durch die Katasterämter (Vermessungsämter) als **Ortsgrundbücher** weitergeführt auf Grund des G. vom 14. 7. 1900 (RegBl. S. 435 mit V. vom 11. 6. 1923 (RegBl. S. 148) und vom 25. 6. 1924 (RegBl. S. 285) und ABl. 12/1923; Reh 1923 S. 62; 1924 S. 194 und im Umfang des Ausschr. des JM. vom 17. 1. 1902 veröffentlicht in Hess. Rspr. Bd. 3 S. 7. Näheres bei Wolf S. 237 und 139. Die Kosten der Fortführung werden seit 7. 4. 1946 mit den Kosten der Eintragungen im Grundbuch selbst von den Amtsger. erhoben und eingezogen (G. über die Wiedereinführung der Kataster-Fortschreibungsgebühren mit GebOrdnung und GebStaffel vom 10. 1. 1946, GVBl. S. 88/89, 99; dazu Erlaß des JM. vom 16. 4. 1946, Gen. 5641-I 36 und des FinMin. Abt. VI (KV. 1) 1201-53-47 vom 4. 11. 1947, s. Anlage Nr. 14. Die Ortsgerichte sind Hilfsbehörden der Amtsgerichte, unter deren Dienstaufsicht im Ehrenamt tätig, besonders zur Taxation von Grundstücken, Nachlässen und Beglaubigung von Unterschriften (Gebühr 1 ℳ), im übrigen s. Anlage Nr. 15, 16 und Best. II. Die Ortsgrundbücher erhalten besondere Bedeutung bei der Wiederherstellung zerstörter usw. Grundbücher, s. unten zu § 123 GBO. und Anlage Nr. 2.

Zu § 1 Abs. 2 GBO. S. 17.

Als gemeinschaftliches oberes Gericht nach § 5 FGG. kommt zunächst nur das OLG. Darmstadt für die hessischen Grundstücke in Frage.

Zu § 1 Abs. 3 GBO. S. 17.

Für die Übertragung von richterlichen Geschäften in Grundbuchsachen sind die Entlastungsbestimmungen des ABl. 4/1921 mit seinen Änderungen und Ergänzungen im Neudruck 1936 maßgebend. Das unter III des Neudrucks aufgeführte Verzeichnis der Übertragungen in Grundbuchsachen ist aber teilweise noch nicht in Kraft gesetzt.

Zu § 7 FGG. Komm. S. 18.

Die Auflassung kann nicht nur vor dem zuständigen Grundbuchamt, sondern auch vor jedem deutschen Amtsgericht oder in gerichtlichen Vergleichen, also auch vor jedem Prozeßgericht, auch Land- und Oberlandgerichten erklärt werden (V. vom 9. 1. 1940, RGBl. I S. 46). Ebenso vor jedem deutschen Notar (V. vom 11. 5. 34, RGBl. I S. 378 und 17. 6. 1934 über ihre Amtsbezirke, RGBl. I S. 514).

Wegen des **Rechtshilfe**verkehrs mit dem **Ausland** vgl. RdEJM. 9341-IIIa. 2896 vom 30. 8. 1948 und 678 vom 25. 2. 1948; s. Anlage Nr. 49.

Wegen **Armenrechts**bewilligung für **Ausländer** 9341 IIIa 568 vom 24. 4. 1948. Flüchtlinge sind wie Deutsche zu behandeln. Die Gegenseitigkeit ist bisher verbürgt mit Österreich, Schweiz und Holland.

Zu § 1 Abs. 3 GBO. S. 17.

Einrichtung und Führung der Grundbücher.

1. Nach § 67 der GBVfg. vom 8. 8. 1935 (Sonderveröff. in DJ.) wurden die nach 1900 neu angelegten Grundbücher weitgehendst aufs Reichsmuster gemäß AV. vom 2. 3. 1936 (DJ. S. 357, s. Anlage Nr. 17) umgeschrieben. Seit 1939 ruht die Umschreibung.

Die für die Anlegung und Fortführung der alten Grundbuchblätter maßgebenden Vorschriften finden sich bei Best, Bd. IV Grundbuchwesen und ErgBd. insbesondere in den Anordnungen zur Ausführung der GBO. vom 14. 1. 1900, ergänzt und abgeändert durch zahlreiche Ausschreiben des JMin. Näheres bei Wolf §§ 78—82. Die Ausschreiben Nr. 1—89 sind im ErgBd. von Best bereits berücksichtigt; Nr. 88, 90, 92, 93, 98, 101, 103, 104, 110 und 111 sind aufgehoben. Von den übrigen sind besonders **beachtenswert**: Nr. 94 zur Form der kreisamtlichen Genehmigung zu kirchlichen Grundstücksveräußerungen, Hypothekenbestellungen, Löschungen usw.; Nr. 96, 102, 113 und 119 über das Erbbaurecht und den Volksstaat Hessen als gemeinnütziges Siedlungsunternehmen; Nr. 117 über den Erwerb von Grundstücken durch Träger der Reichsversicherung; Nr. 120-III, 126 und 130 über die Führung der Liste über Eigentums- und Bestandsveränderungen (Liste VII); Nr. 122 über Umlegung von Bauland nach G. vom 10. 10. 1927 (RegBl. S. 199) bzw. 25. 10. 1948 (GVBl. S. 139); Nr. 123 über Veräußerung und Teilung von Waldgrundstücken; Nr. 124 über die Erneuerung der zum Grundbuch gehörenden Register; Nr. 125 über das Reichsheimstättengesetz vom 10. 5. 1920 (RGBl. I S. 962) mit den Hessischen Durchführungsbestimmungen vom 26. 1. 1927 (RegBl. S. 43); Nr. 133: Keine Beurkundung von Auflassungen ohne Vorlage des Grundgeschäfts. Die in Nr. 135 vom 20. 12. 1934 enthaltene Zusammenstellung der hessischen landesrechtlichen Vorschriften über Beschränkungen bei Veräußerung von Grundstücken ist zum Teil überholt. Näheres bei § 20 GBO.

2. Die **Einrichtung** und **Führung** der Grundbücher beider Formen erfolgt im übrigen nach GBVfg. vom 8. 8. 1935 (Komm. S. 289) und der AV. vom 25. 2. 1936, DJ. S. 350 über die geschäftliche Behandlung der Grundbuchsachen (Komm. Anhang S. 250). Dazu die **Aktenordnung** vom 28. 11. 1934 mit den Hess. **Zusatzbestimmungen** und den in diesen aufgenommenen noch gültigen Paragraphen der früheren hessischen **Geschäftsordnung** für die Gerichtsschreibereien vom 20. 10. 1907 im ABl. 16/1907. Die Aktenordnung gilt jetzt in der Fassung der RdE. vom 27. 1. 1948, JM. 1454-Ia 34 und 13. 6. 1947 — 8334 — II 359 (Muster und Akten für Bauernrecht). Hervorgehoben sei, daß beglaubigte Grundbuchauszüge von dem Urkundsbeamten der Geschäftsstelle und einem zweiten zeichnungsberechtigten Beamten der Geschäftsstelle (Sekretär oder Angestellten) unterschrieben werden müssen, unbeglaubigte Grundbuchauszüge werden nicht unterschrieben.

3. Gemäß der Ermächtigung im § 1, 2 der GBO. vom 24. 3. 1897 wurden die neuen Grundbücher nach dem **Personalfolium** angelegt; es entsprach das mehr dem stark zersplitterten Grundbesitz in Hessen und ergab ein plastisches und leicht verständliches übersichtliches Bild über den Rechtszustand der Grundstücke. Das Grundbuchblatt setzt sich darnach zusammen aus dem

Titel und drei Abteilungen. Der Titel enthält die Bezeichnung des Eigentümers, bei Mit- und Gesamthandseigentümern die des Bruchteils oder des Gesamthand- oder güterrechtlichen Eigentums. Abt. I enthält das Bestandsverzeichnis, Abt. II und III dieselben Rechte wie im Reichsgrundbuch. Darnach sind für einen einzelnen Eigentümer je nach seinem Anteil an einem Grundstück oft eine große Anzahl von Grundbuchblättern zu führen. **Widersprüche** und **Vormerkungen** werden in der Abteilung des Rechts eingetragen, zu dem sie gehören oder das eingetragen werden soll. **Sperrvermerke** (MRG. 52, KRG. 59 — RErstG. —, Befreiungsges. § 61, Beschleunigung der GSB. § 5) sind in Abt. II einzutragen, die **Bestätigungsvermerke** der AVO. 1 zum MRG. 2 vom 16. 2. 1946 Ziff. 5d (2) bei jeder Eintragung. Jede Abteilung enthält 4 Spalten. In der Abt. III ist eine Spalte zur Aufnahme der Ziffern der Hypotheken beigefügt. In Abt. II und III werden die Grundstücke nicht nach ihrer Bezeichnung, sondern nach der Nummer aufgeführt, die sie fortlaufend in Abt. I erhalten haben. Die letzte (sog. Bemerkungsspalte) verweist auf Veränderungen des Rechts, die in Spalte 3 der betreffenden Abteilung chronologisch an der bereitesten Stelle unter Hinweis auf den früheren Eintrag zu buchen sind (z. B. 5/3).

Bei jedem Eintrag wird die Blattnummer der zugehörigen Grundakten vermerkt, so daß deren Einsicht erleichtert wird. Im übrigen vgl. die Muster bei Best IV in den Grundbuchausschreiben des JM. und in Anlage Nr. 1. In Abt. I dürfen im Gegensatz zum neuen Recht nur die Grundstücke der betreffenden Gemarkung aufgenommen werden. Zum Grundbuch werden zwei Register geführt, das **Personenregister** mit den Namen aller Eigentümer, auch der sog. Ausmärker, in alphabetischer Reihenfolge und mit der Bezeichnung der Bände und Blätter, in denen sie eingetragen sind. Dazu das **Sachregister,** angelegt auf Grund der Katasterauszüge in topographischer Reihenfolge, das die Bezeichnung der Grundstücke und den Ort ihrer Eintragung in den einzelnen Bänden enthält. Sie ermöglichen leichtes Aufsuchen der Blätter. In den zum Grundbuchblatt gehörigen von vornherein anzulegenden Grundakten wird ein Hilfsblatt geführt, jetzt **Handblatt** genannt, für den Entwurf der Eintragungen bestimmt, das natürlich am öffentlichen Glauben des Grundbuchs nicht teilnimmt; ferner ein **Wohnungsblatt** der Berechtigten und ein **Nummernverzeichnis.**

4. Eine **Umschreibung** der alten Grundbücher wegen **Unübersichtlichkeit** auf die gleichen des alten Rechts ist ausgeschlossen (A. Nr. 89); das Blatt ist dann sofort auf das reichsrechtliche nach der AV. vom 2. 3. 1936, DJ. S. 357 (Anlage Nr. 17) umzuschreiben. Das gleiche gilt, wenn von einem Blatt alten Rechts ein Grundstück in ein neu anzulegendes Blatt abgeschrieben werden soll; das alte Blatt ist zunächst auf den neuen Vordruck umzuschreiben. Die Umschreibung der alten Blätter darf nur durch den Richter selbst erfolgen (AV. vom 2. 3. 1936 VIII. 1 und OLGPr. 3851 Bl. 178 vom 25. 6. 1936). Ab 1. 4. 1936 dürfen **nur** noch Grundbuchblätter nach **Reichsmuster** angelegt werden (OLGPr. 2229 vom 6. 2. 1936). Über die Verwendung der alten Vordrucke im Fall anhängiger oder bevorstehender Feldbereinigung vgl. jedoch AV. vom 20. 6. 1936 (3851. IV b 4329 DJ. S. 952).

Zu § 2 Abs. 2 GBO. S. 19.

1. **Amtliches Verzeichnis** im Sinne des § 2 GBO. ist nicht etwa das Sachregister, sondern solange das Reichskataster noch nicht angelegt und durch Verwaltungsanordnung zum Amtlichen Verzeichnis erklärt ist, das **Grundsteuerkataster** (§ 4 Anl. u. AusfV. GBO. vom 13. 1. 1900, Best IV S. 64). Es wird bei den **Vermessungsämtern** geführt, die jetzt **Katasterämter** genannt werden und in technischen Fragen ihrer oberen Instanz, dem hessischen Landesvermessungsamt in Wiesbaden, im übrigen dem Finanzminister unterstehen (Umorganisation des Hess. Vermessungswesens durch Bek. des FinM. vom 12. 8. 1947, StA. vom 6. 9. 1947 Nr. 36). Die Katasterämter haben

jährlich im Oktober ein Verzeichnis der **Katasteränderungen** über Kulturart, Flächeninhalt und Bezeichnung der Grundstücke an das Amtsgericht einzureichen. Dieses trägt die Veränderungen im Grundbuch und Sachregister ein und übersendet seinerseits halbjährlich im Januar und Juli dem Katasteramt die Liste über Eigentums- und Bestandsveränderungen, die zuerst im Grundbuch eingetragen werden, zur Wahrung im Kataster und von diesem in den Ortsgrundbüchern der Gemeinden (oben zu § 1).

2. Das hiernach in Hessen fast überall noch als amtliches Verzeichnis geltende **Grundsteuerkataster** entspricht im wesentlichen dem Liegenschaftskataster des neuen Reichskatasters. Letzteres beruht auf dem Bodenschätzungsgesetz vom 16. 10. 1934 (RGBl. I S. 1050) und wurde durch die V. des RJM. vom 23. 1. 1940 (RGBl. I S. 240) zum amtlichen Verzeichnis der Grundstücke im Sinne des § 2 Abs. 2 der Bezirke erklärt, in denen das Reichskataster fertiggestellt ist; den Zeitpunkt bestimmt der JM. durch Verwaltungsanordnung (s. Buch GBO. S. 147; Rösch-Kurandt S. 240—270).

3. Das hessische Grundsteuerkataster und das Reichskataster werden von den **Katasterämtern,** früder Vermessungsämter genannt, fortgeführt. Die Flur-, Feldbereinigung, auch Umlegung genannt, und die dazugehörige Fertigung des Katasters ist nach wie vor in Hessen Aufgabe der Feldbereinigungsbehörden, die jetzt **Kulturämter** heißen und als Organe der Landeskulturabteilung dem Min. für Landwirtschaft, Ernährung und Forsten unterstehen (StA. 1947 Nr. 101 und 158). Die Kulturämter sind jetzt zugleich untere Siedlungsbehörden zur Durchführung des GSB. (2. DurchfV. GSB. vom 17. 2. 47 § 1). Die **Feldbereinigung** erfolgt allgemein nach der **Reichsumlegungsordnung** vom 16. 6. 1937 (RGBl. I S. 518). Das hess. FeldberG. vom 22. 11. 1923 kommt nicht mehr zur Anwendung (RegBl. 23 S. 440), wohl aber noch das Ges. über Umlegung von **Bauland** vom 10. und 18. 10. 1927 (RegBl. S. 199 und 228) mit AVO. vom 15. 10. 1927 (RegBl. S. 210); vgl. A. Nr. 122 vom 15. 12. 1927. Nach Art. 37 dieses Gesetzes ist der vollziehbare **Umlegungsplan** amtliches Verzeichnis im Sinne des § 2, 2 GBO. bis zur Berichtigung des Liegenschaftskatasters. Das Ges. über Umlegung von Bauland vom 10. 10. 1927 ist durch § 58 des Aufbauges. vom 25. 10. 1948 (GVBl. S. 139) für neue Verfahren aufgehoben; vgl. auch zu § 20 GBO. Ziff. 10e u. g.

Zu § 2 Abs. 3a GBO. S. 19.

Da die in Satz 1 vorgesehene **Bescheinigung,** daß die Nummer des Trennstücks in der Karte nicht deutlich dargestellt werden kann, bei wörtlicher Auslegung fast niemals auszustellen möglich ist, genügt eine eingeschränkte Bescheinigung, daß die Sonderbezeichnung des Trennstückes im Hinblick auf die bevorstehende oder noch zu erwartende Zusammenfassung des Trennstücks mit anderen Stücken zu einer neuen Parzelle mit neuer Nummer zur Zeit technisch unzweckmäßig und untunlich ist (OLGPr. 3851 vom 19. 8. 1936). Nach § 2 des Ges. zur Ergänzung des ReichssiedlG. vom 4. 1. 1935 (Anhang zum Komm. S. 166) ist die Abschreibung eines Grundstücksteils schon dann zulässig, wenn die Grundstücksteile im amtlichen Verzeichnis noch nicht ausgewiesen sind.

Zu § 3 GBO. S. 21.

1. **Grundbuchfreie** Grundstücke gibt es in Hessen nicht. Das Grundbuch stellt seit der Anlegung die Rechtsverhältnisse **aller** Grundstücke dar, insbesondere auch der Gewässer, Wege, Bahnen, Reich, Länder und Kirchen wie öffentlichen Körperschaften. Ein eigenes Grundbuchblatt erhalten auf Antrag nur das **Erbbaurecht** nach § 8 GBO. und das **Bergwerkseigentum,** für das ein besonderes Grundbuch, das **Berggrundbuch** geführt wird. Begründung und Endigung des **Bergwerkseigentums** hängen nicht von der Eintragung ab; diese ist nur deklaratorisch und daher von der Oberen Bergbehörde zu veranlassen. Vgl. **Berggesetz** vom 30. 9. 1899 (RegBl. S. 801ff.) und 28. 3. 1908

(RegBl. S. 89) (Best, ErgBd. S. 415—421, AGGBO. Art. 17—20 und AnGBO. §§ 175—189 mit den A. Nr. 6 und 20). Über die Zuständigkeit der **Bergbehörde** s. V. vom 10. 1. 1946 (GVBl. S. 89), s. Anlage Nr. 37.

Sonstige **vererbliche** und **übertragbare Nutzungsrechte** und selbständige Gerechtigkeiten an Grundstücken, für die von der Anlegung des Grundbuchs an die Vorschriften des BGB. über Grundstücke gelten (Art. 154 AGBGB.), erhalten mit Rücksicht auf ihre geringe Bedeutung für den Rechtsverkehr nur auf **Antrag** oder wenn das Recht **veräußert** oder **belastet** werden soll, ein besonderes Grundbuchblatt; Eintragung des Rechts in Abt. I (Art. 15 AGGBO.). Wegen der **Veräußerung** von Nießbrauchsrechten und beschränkten persönlichen Dienstbarkeiten vgl. auch das RG. vom 13. 1. 1935 (RGBl. I S. 1468) und DJ. 1938 S. 21 (**Feststellungsbescheid** des Landgerichtspräs.). Für Grundstücke der **Heimstätte** ist in der Regel ein besonderes Grundbuchblatt anzulegen. Der Begründungsvertrag bedarf der gerichtlichen oder notariellen Beurkundung (Hess. Zusatzbest. Ziff. 8 vom 26. 1. 1927 — RegBl. S. 42 — zu § 30 RHeimstG. vom 10. 5. 1920 — RGBl. S. 962 —).

2. Neben **Erbbau-** und **Berggrundbuch** wird künftig noch die **Landgüterrolle** auf Grund der DurchfV. vom 11. 7. 1947 § 1 (GVBl. S. 44) geführt. Sie tritt an die Stelle der durch KRG. 45 vom 20. 2. 1947 (GVBl. Nr. 4/5) aufgehobenen Erbhöferolle auf der Grundlage der für das ganze Land Hessen in Kraft gesetzten Pr. Landgüterordnung für den RegBez. Kassel vom 1. 7. 1887, jetzt in der Fassung der **Hess. Landgüterordnung** vom 1. 12. 1947 (GVBl. 1948 S. 12). Das ebenfalls wieder in Kraft gesetzte Hessen-Darmstädtische Ges. über die landwirtschaftlichen **Erbgüter** vom 11. 9. 1858 wurde durch die Hess. DurchfV. vom 11. 7. 1947 § 1 zufolge Ermächtigung in Art. XI KRG. 45 wieder aufgehoben; es war mangels Antragstellung der Eigentümer niemals praktisch geworden. Vorschriften über die Einrichtung und Führung der Landgüterrolle sind noch zu erwarten, irgendwelche Eintragungsanträge sind im RegBez. Darmstadt bisher nicht gestellt! Näheres bei § 13 GBO.

Zu § 4 GBO. S. 24.

Durch KRG. Nr. 45 vom 20. 2. 1947 (Beil. zu GVBl. Nr. 4/5, 1947), in Kraft seit 24. 4. 1947 (Müller, Sammlung C 45/4), wurde im Art. I die ganze **Erbhofgesetzgebung aufgehoben,** die Erbhöfe ebenso wie die in Art. III genannten Fideikommisse und ähnliches sachenrechtlichen Sondervorschriften unterliegendes sog. gebundenes Vermögen für freies und den allgemeinen Gesetzen unterliegendes Eigentum erklärt, damit auch die **Schutzforsten,** die aus den **Fideikommissen** bei ihrer Aufhebung durch frühere Landesgesetze gebildet worden waren. Für Hessen kommt das Fideikommißgesetz vom 13. 9. 1858, Fassung 30. 9. 1899 (Best III S. 249), in Betracht. Die Fideikommisse wurden schon aufgelöst durch Ges. vom 31. 12. 1919 mit der V. vom 24. 8. 1920 (RegBl. S. 258) und Ges. vom 11. 11. 1923 (RegBl. S. 481) mit der AusfV. vom 2. 2. 1924 (RegBl. S. 107), erneut aufgelöst durch RG. vom 6. 7. 1938 (RGBl. I S. 825). Die beschleunigte Abwicklung bezweckt die DurchfV. vom 11. 7. 1947 § 5 (GVBl. S. 45) und 13. 10. 1947 (GVBl. S. 109). Die Veräußerungs- und Auflösungsfristen sind bis 1. 1. 1950 (GVBl. 1948 S. 154) verlängert. **Fideikommißgericht** und **Auflösungsbehörde** ist die Zweigstelle beim OLG. Kassel (V. vom 22. 7. 1947, GVBl. S. 66). Bis zur Löschung der Fideikommißeigenschaft bleiben die seitherigen Beschränkungen bestehen. Die bei dem OLG. **Darmstadt** geführten Fideikommißakten sind verbrannt. Die notwendigen Genehmigungen erteilt an Stelle des RJM. das Fideikommißgericht nach Anhörung der betreffenden Landesbehörde.

Zu § 4 Abs. 2 GBO. S. 25.

Die im Art. 154 AGBGB. genannten Rechte (**vererbliche und übertragbare Nutzungsrechte** an Grundstücken wie Emphyteuse, Erbleihe, Landsiedelleihe, Lehen und andere erbliche Leihen) bestehen nur noch in ganz geringem Umfang, sind aber auch durch Art. III Ziff. 2 KRG. Nr. 45 aufgehoben. Sie konnten schon nach Art. 189 Abs. 1 Satz 3 EGBGB. nicht neu begründet werden. Das gleiche gilt für andere vererbliche und veräußerliche Nutzungsrechte wie Weide-, Jagd- und Fischereiberechtigungen, die alle nach dem Ges. über die Umwandlung und Ablösung von Reallasten und Dienstbarkeiten vom 24. 7. 1899 in Verb. mit der AusfV. vom 25. 8. 1900 (Ablösungsgesetz) mit der Ablösung erloschen (Best III S. 81). Ebenso ablösbar sind Streuberechtigungen und Wasserfallzinsen (Wolf §§ 165—170). Ob ein solches Recht noch besteht, muß aus dem Titel (Bemerkungsspalte) und aus der Abt. II hervorgehen, wo diese Eigenschaften und die Person des Berechtigten bei der Grundbuchanlegung einzutragen waren (§§ 8, 14 Ziff. 3 der AnGBO., Best IV S. 225). Im übrigen vgl. auch zu § 3 GBO.

Zu §§ 5 bis 7 GBO. S. 26.

1. Die **Vereinigung** mehrerer Grundstücke und die **Zuschreibung** eines Grundstücks zu einem anderen (§ 890, 1 und 2 BGB.) ist nur zulässig, wenn die Grundstücke in demselben Grundbuchbezirk liegen, in Ansehung der Veräußerung und Vererbung gleichen Vorschriften unterliegen und sämtlich nicht oder nur mit den gleichen Rechten belastet sind. Im übrigen s. Anlagen Nr. 5, 6 zu Art. 81 AGBGB. (Best ErgBd. S. 19 und 23).

2. **Beschränkungen der Grundstücksteilung** ergeben sich aus Art. 94 bis 96 AGBGB. (s. Anlagen Nr. 7 u. 10). Darnach ist eine Teilung nur insoweit zulässig, als dadurch keine selbständigen Grundstücke unter 10 ar Acker- oder 6 ar Wiesengelände gebildet werden. Bei der Teilung dürfen selbständige Waldgrundstücke unter 50 ar nicht gebildet werden. Nach dem Ges. vom 23. 5. 1914 (RegBl. S. 235) kann von diesen Vorschriften Befreiung bewilligt werden. Wird sie von dem zuständigen Minister bewilligt, ist die Teilung von Anfang an als gültig anzusehen. Das Ges. über die Teilung belasteter Grundstücke vom 27. 7. 1904 (RegBl. S. 307) bezieht sich nur auf Grundstücke, die mit einer Tilgungsrente oder anderen ständigen Geld- oder Naturalrenten belastet sind. Sie können ohne Zustimmung des Berechtigten nur geteilt werden, wenn der Eigentümer die Rente ablöst oder ein **Unschädlichkeitszeugnis** nach Art. 97 Nr. 1 und 3 des AGBGB. beibringt. Im übrigen s. Anlagen Nr. 8, 9, 11 uud Best ErgBd. S. 391 und 431.

3. Weitere **Beschränkungen** enthält das **Forstverwaltungsges.** vom 16. 11. 1923 (RegBl. S. 491) in den Art. 16, 18, 34 und 35 (s. Anlage Nr. 35). Zur Teilung ist die Genehmigung der oberen Forstbehörde erforderlich. Vgl. auch A. 123 vom 8. 3. 1928.

4. Die **Beschränkungen** der Grundstücksteilung gelten **nicht** gegenüber Umlegung (Feldbereinigung) nach dem RG. v. 26. 6. 36 (RGBl. I S. 518), der Umlegung von Bauland nach dem Aufbauges. v. 25. 10. 1948 (RegBl. S. 139) und Enteignung nach dem Ges. vom 30. 9. 1899 (Reh III S. 223 und Best ErgBd. S. 243) Art. 62. Ebensowenig gegenüber Fideikommissen, Erbhöfen oder sonstigen durch KRG. Nr. 45 aufgelösten gebundenen Vermögensmassen, s. oben zu § 4 GBO. In diesen im öffentlichen Interesse von Gesetzes wegen zu regulierenden Fällen bedarf es keines **Unschädlichkeitszeugnisses** nach Art. 97—101 AGBGB. Dieses kommt daher nur noch in Frage bei Verfügungen des Eigentümers über einzelne Flächen**teile** eines mit dinglichen Rechten belasteten Grundstücks, die von geringfügigem Wert und ohne besonderen Nachteil für den Berechtigten sind (vgl. Wolf § 164 S. 478f.); ferner zur Verwendung der Entschädigung für ein **abgebranntes** Gebäude zur Neuerrichtung auf einer anderen Baustelle (Brandversicherungsges. vom 28. 9. 1890 Art. 27 Ziff. 6 u. 7, Fassung Art. 274 AGBGB. (Best I S. 245).

5. Die **Vorstände** der **Kultur-** und **Katasterämter** sind zur Beurkundung und Beglaubigung der Anträge auf Wahrung der Änderungen und der zugehörigen Meßbriefe in allen Fällen zuständig (RG. vom 15. 11. 1937, RGBl. S. 1257), vgl. auch § 20 GBO Anm. 10f und § 29 GBO. Die Meßbriefe heißen jetzt Veränderungsnachweise mit Abzeichnung der Flurkarte.

Zu § 9 GBO. S. 30.

Diese Rechte sind nach Wahrung in Abt. II des belasteten Grundstücks nur auf Antrag und in Abt. I des berechtigten Grundstücks einzutragen.

Zu § 11 GBO. S. 32.

Die Haftung der **Grundbuchbeamten,** insbesondere der Grundbuchrichter, ist an Stelle des § 12 alter Fassung und Art. 21 AGBGB. geregelt im RG. vom 3. 5. 1935 (RGBl. I S. 587) in Ergänzung des § 839 BGB. Darnach gilt das **Reichshaftpflichtges.** vom 22. 5. 1910 (RGBl. S. 798) mit der Weimarer Verfassung Art. 131. Damit gelten auch im Bereich des Grundbuchwesens die Beschränkungen der Staatshaftung z. B. gegenüber Ausländern, insbesondere § 2 des Haftpflichtgesetzes, wonach das Reich (Land) Ersatz nur verlangen kann, wenn die Amtspflichtverletzung auf Vorsatz oder **grober** Fahrlässigkeit beruht. Das gleiche gilt für **Rechtspfleger** als Grundbuchrichter, nicht aber für **Notare,** da sie nach der RNotO. vom 13. 2. 1937 (RGBl. 1937 I S. 191) seit 1. 7. 1937 auch in Hessen auf Gebühren angewiesen sind. Die **vorher** ernannten Notare sind wie **Staatsbeamte** nach dem Ges. vom 24. 7. 1923 (RegBl. S. 213) über die Ruhegehälter und Hinterbliebenenversorgung der Notare pensionsberechtigt, „wenn sie voll als Notare beschäftigt waren“. Die Entscheidung über den Umfang der Beschäftigung trifft der OLGPr. nach Anhörung des Präs. der Notarskammer endgültig (RNotO. § 27). Die Gebühren dieser Notare sind deshalb gemeinschaftlich für Notar und Staat zu erheben. Näheres in der Hess. Notarvollzugsordnung vom 20. 6. 1932 (RegBl. S. 83, Reh 1932 S. 33) und bei Palandt BGB. 2. Aufl. 1939 zu § 839.

Zu § 12 GBO. S. 33.

Nach dem KRG. Nr. 29 (Beil. 4 GVBl. vom 22. 7. 1946) können die **Besatzungsbehörden** von jeder deutschen Dienststelle Ausfertigungen, beglaubigte Abschriften aus dem Grundbuch oder von Schriftstücken aus den Grundakten für die Abt. „Liaison and Protokoll“ der All. Kontrollbehörden verlangen. Das Ges. über die Einsicht in gerichtliche öffentliche Bücher und Register vom 30. 9. 1936 (RGBl. I S. 853) ist durch KRG. Nr. 24 (Beil. 3 GVBl. Nr. 21 vom 3. 7. 1946) aufgehoben. Bei Rechtshilfe s. Anlage Nr. 49.

Eine **Pflicht** zur Einsicht des Grundbuchs besteht außer für Notare für die Betroffenen nach Art. 74 des RErstG. vom 10. 11. 1947 (GVBl. Beil. 9 vom 18. 12. 1947 S. 135). Gebühren für Einsicht 2 DM, s. Anl. Nr. 51.

Zu § 13 GBO. S. 34.

1. Das Grundbuch stellt prinzipiell die gesamte dingliche Rechtslage der aufgenommenen Grundstücke dar. Auch auf den wenigen noch dem Landesrecht vorbehaltenen Gebieten sind dingliche Rechte eintragungspflichtig, wenn nicht das Gegenteil ausdrücklich bestimmt oder aus dem Zusammenhang der Vorschriften erkennbar ist (Hess. Rechtspr. Bd. X S. 64). So das RGer. in Bd. 55 S. 315 für Fischereigerechtigkeiten. Ebenso können auf diesen Gebieten neue nicht eintragungspflichtige und nicht eintragungsfähige Rechte geschaffen werden (EGBGB. Art. 114 u. 218). Zur Zeit sind noch von althessischen Rechten die **Ablösungsrenten** und sonstigen **Reallasten** des Staats und der **öffentlichen Anstalten** aus der Ablösung solch schädlicher Rechte, die Hilfsbaue bei **Bergwerken** (AGBGB. Art. 218) und die vor der Grundbuchanlegung begründeten durch unvordenkliche Verjährung erworbenen alten **Grunddienstbarkeiten** (EGBGB. Art. 187 u. 218, 1) **nicht** eintragungsbedürftig, müssen aber **auf Antrag** eingetragen werden.

Dasselbe gilt für die **Grunddienstbarkeit,** die dem an eine **Brandmauer** Anbauenden nach Art. 46 Bauordnung vom 30. 4. 1881 (Fassung Art. 278 AGBGB.) zu bestellen ist, und die allen übrigen Rechten am Grundstück auch ohne Eintragung vorgeht. Solche Grunddienstbarkeiten (Anbaurechte) erlöschen auch nicht durch Zerstörung (Brand) des herrschenden Grundstücks, wenn sie für ein bestimmtes Gebäude bestellt oder vor Anlegung des Grundbuchs ersessen waren und dieses Gebäude durch ein neues ersetzt wird (Bay. Obst. Landesg. bei Staudinger 1936 zu § 1018 Bem. 45, 2). Sonst gelten für Erlöschen alter **nicht** eingetragener Dienstbarkeiten AGBGB. Art. 142—148; s. Wolf S. 232 u. 499 III; Eise. Hess. Rspr. 4, 102.

Nicht eintragungsfähig im Grundbuch selbst sind das **Bergwerkseigentum** (s. oben zu § 3) und die **öffentlichen Lasten,** die nach § 10 ZVG. privilegiert sind (AGZVG. Art. 1), aber nicht die diesen Lasten durch Art. 2 AGZVG. gleichgestellten Rechte (vgl. Art. 11 AGGBO.). Näheres bei § 54 GBO. Über Forderungen für Lastenausgleich s. Anlage Nr. 47.

2. Die **Vermögensbeschlagnahme** auf Grund MRG. Nr. 52 und Art. 61 des BefrGes. ist, da es sich um eine absolute Verfügungsbeschränkung handelt, guter Glaube also ausgeschlossen ist, nicht eintragungsfähig. Es empfiehlt sich aber, im Hilfsblatt des alten Grundbuchs auf dem Titelblatt, im Handblatt des neuen in Abt. I den Sperrvermerk mit Bleistift zu vermerken; ebenso auf dem Aktenumschlag selbst, wie das in gleicher Weise für das nicht eintragungspflichtige, auf Antrag aber einzutragende **Abgeltungsdarlehen** nach der V. über die Aufhebung der Gebäudeentschuldungssteuer vom 31. 7. 1942 (RGBl. I S. 503 und V. vom 2. 10. 42, DJ. I S. 655) üblich ist.

3. Nach der DurchfV. vom 11. 7. 1947 § 2 (GVBl. S. 44 zum KRG. N. 45) sind die Rechte der **Abkömmlinge,** der **Eltern** und des früheren **Ehegatten** (§§ 30, 31 RErbhG. vom 29. 9. 1933, RGBl. I S. 685) oder sonstiger Personen nach §§ 10, 14 u. 26 ErbhFortbV. vom 30. 9. 1943 (RGBl. I S. 549) trotz Aufhebung der Erbhofgesetzgebung **auf Antrag** der Berechtigten im **Grundbuch** sicherzustellen. Das gleiche gilt für die **Berechtigten** nach §§ 21, 22 u. 28 der Landgüterordnung vom 1. 12. 1947 (GVBl. 1948 S. 14); vgl. Anlagen Nr. 19, 20.

4. **Von Amts wegen** ist weiter ein **Widerspruch** nach Eintragung einer Rechtsänderung im Grundbuch auf Grund eines nicht genehmigten Rechtsgeschäfts einzutragen (GVBl. 1947 S. 46 § 11).

5. a) Die Eintragung eines **Landguts** in die **Landgüterrolle** erfolgt im Gegensatz zum RErbhG. nur auf ausdrücklichen **Antrag** des Eigentümers; sie hat rechtsbegründende Bedeutung (Hessische Landgüterordnung vom 1. 12. 1947 § 5, GVBl. 1948 S. 12) und verliert ihre Wirksamkeit erst durch Löschung (§ 10).

b) **Voraussetzung des Antrags:** Eine im Land Hessen gelegene, zum Betrieb der Land- oder Forstwirtschaft bestimmte Besitzung in Größe einer Ackernahrung; diese entspricht den Erläuterungen des gleichen Begriffs im RErbhG. vom 29. 9. 1933. Doch genügt für ihren Nachweis die Bescheinigung der landwirtschaftlichen Verwaltung in der Kreisstufe (Landwirtschaftsamt), gegen deren Bescheid dem Antragsteller innerhalb einer Frist von einem Monat die Beschwerde an das **Bauerngericht** (gebildet beim Amtsgericht) zusteht (§ 1). Dieses verfügt die Eintragung in die Rolle ebenso auf Antrag des Eigentümers wie die Löschung. Gebühr für beide Anträge: 3 DM (§§ 2—4 u. 31). Jedes Landgut erhält in der Rolle ein eigenes Blatt, auf dem alle von dem Eigentümer bestimmten im Grundbuch verzeichneten Grundstücke ebenso wie die später hinzuerworbenen einzutragen sind; die Zuschreibung der letzteren erfolgt von **Amts wegen** und **gebührenfrei.** Der Eigentümer kann einzelne Grundstücke z. B. für seine Kinder aussondern. Waren sie bereits in der Rolle eingetragen, ist die Aussonderung im Rollenblatt als „ausgenommen" zu verzeichnen. In gleicher Weise ist bei einzelnen Grundstücken zu vermerken, wenn sie auf Antrag des Eigentümers im Rollenblatt gelöscht werden (§ 6). Der Eigentümer kann einen Teil seines Landguts etwa bei der Übergabe an seinen zweiten Sohn im **Grundbuch** abschreiben lassen. Bildet dieser Teil eine Ackernahrung, so erhält er in der Rolle ein eigenes Blatt; anderenfalls ist dieser Teil von **Amts wegen** in der Rolle zu löschen (§§ 6 u. 7). Die Übereinstimmung von Güterrolle und Grundbuch wird durch die Verpflichtung der gegenseitigen Mitteilungen nach § 8 aufrechterhalten. Die **Eintragungs-** und **Löschungs-**

anträge sind bei dem **Bauerngericht** in der Form des § 29 GBO. **gebührenfrei** schriftlich oder mündlich zu stellen (§ 9). Über das Verfahren vor den Bauerngerichten s. unten zu § 20 GBO. Ziff. 10, über die Kosten s. Anl. Nr. 52.

c) Der Eigentümer kann nach § 27 über sein Landgut oder einzelne Teile vorbehaltlich der Genehmigungen frei, insbesondere auch testamentarisch verfügen und den Nachfolger bestimmen. Hat er ihn nicht bestimmt, ist nach den §§ 12—26 zu verfahren, d. h. Versuch einer Einigung vor dem **Bauerngericht.** Kommt sie nicht zustande, tritt ein **Familienrat** zusammen und bestimmt nach den §§ 12, 13 u. 16—26 die Person des Gutsübernehmers und die Bedingungen der Übernahme. Vorsitzender des Familienrats ist der Vorsitzende des Bauerngerichts. Er beruft die Mitglieder, verpflichtet sie und entscheidet über Einwendungen gegen ihre Berufung. Gegen **diese** Entscheidung ist **sofortige Beschwerde** an das OLG. als **Bauernobergericht** zulässig (ein Richter als Vorsitzender, zwei weitere Richter und zwei landwirtschaftliche Beisitzer nach GVBl. 1947 S. 47). Der Familienrat ist bei Anwesenheit des Vorsitzenden und drei seiner Mitglieder beschlußfähig nach Stimmenmehrheit. Seine Entscheidungen können nur wegen Rechtsverletzung und **nur durch Klage** angefochten werden. Alle Verhandlungen und Entscheidungen sind gebührenfrei; auch den Mitgliedern sind nur Auslagen zu ersetzen. In fast gleicher Weise wie im RErbhG. sind die Rechte der Witwe und der Miterben in den §§ 21, 22, 24—26 geregelt. Die Witwe ist aber erheblich günstiger gestellt, da sie als Miteigentümerin lebenslängliches Verwaltungsrecht hat (§ 24) und bei Alleineigentum ihres Ehegatten die Bestimmung des Gutsübernehmers erst dann erfolgt, wenn dem anderen Ehegatten ein Nießbrauchs- oder Verwaltungsrecht nicht mehr zusteht (§§ 24, 1 u. 25, 1). Hervorzuheben ist, daß der **Beschluß** des **Familienrats** die **Auflassung** ersetzt. Bei mehreren Landgütern in verschiedenen Bezirken wird für das gesamte Verfahren ebenso wie für die Führung der Güterrolle das zuständige Bauerngericht von dem OLGPr. bestimmt (§§ 2, 2 u. 26, 2). Im übrigen s. Anlagen Nr. 19, 20.

Zu § 18 GBO. S. 41.

Die **Zwischenverfügung** soll von vornherein möglichst alle der Eintragung entgegenstehende Hindernisse umfassen, insbesondere auch die Abhängigmachung von der Kostenvorschußleistung nach § 7 RKostO. (OLGPr. 3850 vom 23. 4. 1937 und § 19, 3 KostVerf., DJ. 1937 S. 433). Auch bei fehlenden, auf Staatshoheitsakten beruhenden Genehmigungen (s. zu § 20) sind Zwischenverfügungen zulässig.

Zu § 19 GBO. S. 44.

Eine **Ausnahme** vom **Bewilligungszwang** besteht auch für den nach dem MRG. Nr. 59, dem sog. Rückerstattungsgesetz vom 10. 11. 1947 (GVBl 19 vom 18. 12. 1947 Beil. 9) Art. 61 Ziff. 4 auf Ersuchen der Wiedergutmachungsbehörden einzutragenden **Rückerstattungsvermerk** auf Grund der Anmeldung des Rückerstattungsanspruchs beim Zentralanmeldeamt in Bad Nauheim. Eine Vollziehungsfrist nach § 929 ZPO. kommt für diese Vermerke, die auf Ersuchen einer Behörde einzutragen sind, nicht in Frage. Die Zuständigkeit auch der Gerichte als Wiedergutmachungsorgane zur Verfügung eines Sperrvermerks folgt aus Art. 52 des RErstG. Wiedergutmachungsbehörden sind das Landesamt und die Ämter für Vermögenskontrolle und Wiedergutmachung. Über die Rechtsnatur des Sperrvermerks und das Gesetz selbst siehe bei § 22 unten.

Eine **Ausnahme** vom **Bewilligungszwang** besteht ferner für das **Unschädlichkeitszeugnis,** das zwar nur auf Antrag vom Amtsgericht erteilt werden soll aber die Bewilligung des Berechtigten ersetzt. Vgl. Art. 98 u. 100 AGBGB. und oben zu §§ 5—7 GBO. sowie Art. 27, 6 u. 7 BrandversichG. vom 28. 9. 1890, Fassung Art. 274 AGBGB. Solche **Ausnahme** besteht weiter bei **Ersuchen von Behörden** in den gesetzlich zugelassenen Fällen (unten zu § 38).

Bewilligungszwang dagegen besteht bei Änderung der Bedingungen eines **Abgeltungsdarlehens** zugunsten des Schuldners, das sonst ohne seine Bewilligung nur auf Antrag des Geldinstituts in das Grundbuch einzutragen ist und auch ohne Eintragung Rang vor allen anderen Einträgen hat, V. über die Aufhebung der GebäudeEntschuldSteuer vom 31. 7. 1942 (RGBl. I S. 501) und DurchfV. vom 31. 7. 1942 (RGBl. I S. 503), s. oben zu § 13 Ziff. 2 und Ges. über die Abgeltungslasten und Abgeltungsdarlehen — Vorrecht nach § 10, 1 ZVG. — vom 3. 1. 1948 (GVBl. S. 17).

Zu § 20 GBO. S. 51.

Weitere Eintragungserfordernisse.

Vorbemerkung. Das **Genehmigungsverfahren** regelt für alle land- und forstwirtschaftlichen Grundstücke in allen Fällen der Ziff. 1—11 (ausgenommen Ziff. 11 c — Steuerbehörden —) der Erlaß des Min. f. Landw., Ern. u. Forsten J-I-5 vom April 1948 I 4402 A/46. 1731/48 an die Landwirtschaftskammern Kassel und Frankfurt a. M. Darnach ist das **Landwirtschaftsamt** federführend und vermittelt den Verkehr der Parteien mit den anderen Behörden (Oberbürgermeister, Landrat, Forstämter, MilReg., Kirchen, Kultur- und Katasterämter, RegPräs., Ministerien, aber nicht mit den Steuerbehörden); s. Anlage Nr. 32.

1. **Vermerk** auf dem Vertrag: „Inländer“ oder „Ausländer“. Wichtig und vorgeschrieben mit Rücksicht auf die Bestimmungen über die **Erwerbsbeschränkungen** für **juristische Personen** und **Ausländer,** seither geregelt durch Art. 12—15 AGBGB. und V. vom 14. 5. 1920 (RegBl. S. 91), die Ges. vom 10. 8. 1922 (RegBl. S. 240) und 28. 11. 1923 (RegBl. S. 514), die V. vom 15. 12. 1923, 23. 3. und 9. 8. 1924 (RegBl. 1923 S. 513 und 1924 S. 182 u. 298) sowie V. vom 31. 8. 1938 (RGBl. I S. 1141). Diese Bestimmungen sind in dem Gesetz über Erwerbsbeschränkungen für juristische Personen und Ausländer vom 13. 8. 1948 (GVBl. S. 96 — Anlage Nr. 3) aufgehoben. Künftig gilt folgendes:

2. Der **Erwerb** von in **Hessen** gelegenen Grundstücken durch **natürliche** Personen **ausländischer** Staatsangehörigkeit und durch **Staatenlose** bedarf nur dann der Genehmigung, wenn Deutsche in dem Heimatstaat des Ausländers Erwerbsbeschränkungen unterworfen sind. Art. 276 (d) des Versailler Vertrags vom 28. 6. 1919 (RGBl. S. 687 [1086]) bleibt unberührt. Darnach darf den Staatsangehörigen irgendeiner der alliierten und assoziierten Mächte keinerlei Beschränkung auferlegt werden, die nicht am 1. 7. 1914 auf sie anwendbar war, sofern nicht deutschen Staatsangehörigen dieselbe Beschränkung gleichfalls auferlegt wird (gültig für die früheren preußischen Gebietsteile). Die Genehmigung erteilt der Minister der Justiz oder die von ihm ermächtigte Behörde.

3. **Schenkungen** oder **Zuwendungen** von **Todes wegen** an **juristische** Personen mit dem Sitz in **Hessen** bedürfen zu ihrer Wirksamkeit in vollem Umfang der Genehmigung, wenn sie Gegenstände von mehr als 5000 DM betreffen. Wiederkehrende Leistungen werden mit 4 % zum Kapital gerechnet. Die Genehmigung kann auf einen Teil der Zuwendung beschränkt werden. Sie wird vom Minister des Inneren oder der von ihm ermächtigten Behörde und bei **Grundstücken** im Einvernehmen mit dem Minister der Justiz erteilt. Vgl. auch Erläuterung bei Best Erg.-Bd. S. 1.

4. Zum **Erwerb** von in **Hessen** gelegenen **Grundstücken** bedürfen **ausländische** juristische Personen stets, **inländische** nur bei einem Wert von mehr als 5000 DM der durch den Minister der Justiz oder der von ihm ermächtigten Behörde zu erteilenden Genehmigung.

Die bisher von einer jetzt zuständig gewordenen Behörde erteilten Genehmigungen bleiben wirksam. § 184 BGB. gilt gleichfalls. Eine Genehmigung ist nicht erforderlich für juristische Personen des öffentlichen Rechts, für Wohlfahrtsorganisationen und kirchliche Kongregationen, wenn sie juristische

Personen sind und Sitz in Deutschland haben, beim **Grundstückserwerb nicht** für die vorgenannten juristischen Personen und auch **nicht** für AktGes., KommGes. auf Aktien, GmbH., Genossenschaften und **bergrechtliche** Gewerkschaften mit dem Sitz in Deutschland. Ist im Grundbuch auf Grund eines nicht genehmigten Rechtsgeschäfts eine Rechtsänderung eingetragen, so kann die Genehmigungsbehörde das Grundbuchamt um Eintragung eines Widerspruchs ersuchen. Im übrigen gilt § 53, 1 GBO., s. unten S. 28. Gegen die Versagung der Genehmigung ist nach der Generalklausel des § 35 des Ges. über Verwaltungsgerichtsbarkeit vom 31. 10. 1946 (GVBl. S. 194) Anfechtungsklage zulässig und bei Entscheidungen durch die Minister unmittelbar an den Verwaltungsgerichtshof zu richten.

5. Die **Gemeinden,** vertreten durch den Bürgermeister, und die **Kreise,** vertreten durch den Landrat bzw. Oberbürgermeister, bedürfen zum Erwerb zur Veräußerung oder zum Tausch von Grundstücken der Genehmigung der Aufsichtsbehörde (GemO. vom 21. 12. 1945, GVBl. 46 S. 1 §§ 61, 62, und KreisO. vom 24. 1. 1946, GVBl. 1946 S. 101). Wertgrenzen s. S. 50. Aufsichtsbehörde ist in Landkreisen der Landrat, darnach der RegPräs., in Stadtkreisen der Regierungspräsident, darnach der Minister des Inneren (§ 107). Gleiches gilt bei **Zweckverbänden** nach dem Ges. vom 10. 7. 1931 Art. 16, 17 (RegBl. S. 132).

6. Die **Religionsgemeinschaften.** Grundsätzlich gilt für alle Religionsgemeinschaften die V. über die Verwaltung des Kirchenvermögens vom 6. 6. 1832 (RegBl. S. 412 u. 420), Art. 26, 29, 34, 35; s. Anlage Nr. 34 und die Kreisräteinstruktion vom 20. 9. 1832 (RegBl. S. 636—638), §§ 53—58.

a) Die **evangelischen** Kirchen. Bei **Verkäufen** ist die Genehmigung der Kirchenleitung der ev. Kirchen in Hessen und Nassau und die Genehmigung des Kreisamts erforderlich. Bei der Protokollierung des Vertrags ist eine Ausfertigung des Protokolls aus dem Protokollbuch vorzulegen etwa folgenden Inhalts: In der auf heute ordnungsmäßig berufenen und beschlußfähig versammelten Sitzung des Kirchenvorstands wird beschlossen: „Verkauf von usw. und zu diesem Zweck werden als bevollmächtigte Vertreter und Urkundspersonen bestimmt der Vorsitzende Pfarrer X und . . .“ Die Verfassung vom 11. 7. 1933 (RGBl. I S. 471) gilt zufolge innerkirchlicher Vereinbarung nicht mehr, eine neue ist vorbereitet. Durch KRG. Nr. 62 vom 20. 2. 1948 (Beil. 4 zu GVBl. 1948) sind die nat.soz. Ges. usw. von 1935 in Kirchenangelegenheiten aufgehoben. Die Kirchenverfassung vom 6. 1. 1874 (RegBl. S. 14) hält in Art. 138 die VerwaltungsV. v. 6. 6. 1832 ausdrücklich aufrecht.

b) Die **katholischen** Kirchen. Vorzulegen sind von den Verkäufern (Pfarrer und Kirchenvorstand) eine Bescheinigung des Kreisamts, wer Kirchenvorstand ist, und eine Mitteilung des Kreisamts, daß auf seinen Antrag und mit Zustimmung der höheren kirchlichen Behörde (Bischöfliches Ordinariat Mainz) die Genehmigung des Min d. Inn. erteilt sei.

c) Die **israelischen** Religionsgemeinschaften. Nach der V. über die Bildung der Vorstände und die Verwaltung ihres Vermögens vom 2. 11. 1841 (RegBl. S. 637) besteht der Vorstand aus 3—5 Mitgliedern; der Landrat ernennt den ersten Vorsteher; der Vorstand verwaltet das Vermögen unter Aufsicht des Kreisamts, das zwei Vorstandsmitglieder ermächtigt, die den Vertrag abschließen, und denen es entsprechende Bescheinigung erteilt.

In **allen** Fällen ist von den Parteien die Genehmigungsurkunde des Kreisamts in Urschrift oder beglaubigter Ausfertigung vorzulegen, und es muß darin stehen, daß ein ordnungsmäßig gefaßter Kirchenvorstandsbeschluß vorliegt, und daß und welche Stelle noch ihre Genehmigung erteilt hat (MinAusschr. vom 4. 3. 1919, Min. d. Inn. 4070 in A. Nr. 94 vom 11. 3. 1919).

Zur **Löschung** einer Hypothek der Kirchen bedarf es:

a) Bescheinigung des Kirchenrechners, daß Rückzahlung des Kapitals erfolgt ist;
b) Bewilligung des Pfarrers und des weltlichen Mitglieds;
c) Auszug aus dem Protokollbuch, daß ordnungsgemäß gefaßter Beschluß des Kirchenvorstands vorliegt.

Zur **Herabsetzung** des Zinsfußes ist Genehmigung der höheren Kirchenbehörden nötig (V. vom 6. 6. 1832 Art. 35).

Für den **Erwerb** von Grundstücken gilt Art. 39 der V. vom 6. 6. 1832, wonach beim Erwerb eine Ermächtigung zur Annahme je nach Guldenwert den oberen Kirchenbehörden übertragen war (MinAusschr. Nr. 4 von 1842 und Nr. 12 von 1846). Die Praxis verlangt jetzt bei Werten über 5000 DM Genehmigung zur Annahme durch den Minister des Inneren, unter 5000 DM Genehmigung durch die Kirchenleitung der evangelischen Kirchen in Hessen und Nassau bzw. durch das bischöfliche Ordinariat Mainz.

Ein **Entwurf*** des Hess. Kultusmin. zu einem Gesetz über die Verwaltung kirchlichen Vermögens hebt das Ges. vom 6. 6. 1832 (RegBl. S. 412 u. 420) Anlage Nr. 34 mit zugehörigen Verordnungen und Erlassen auf und beseitigt alle staatlichen Beschränkungen und Genehmigungen zu Verfügungen der Kirchen und der jüdischen Religionsgesellschaften, denen die Rechtsstellung öffentlich-rechtlicher Korporationen wieder verliehen wurde, über ihre Grundstücke und ihr sonstiges Vermögen ohne Rücksicht auf die Höhe. Solche Verfügungen bedürfen künftig nur der Genehmigung der oberen kirchlichen Behörden.

Die Ziff. 7 gilt für die Zeit der Besatzung natürlich weiter.

7. **Seit der Besetzung** ist aber für **Gemeinden, Kreise und Kirchen** das MRG. Nr. 52 mit den **Allgemeinen Genehmigungen** Nr. 3 bzw. Nr. 5 (Sammlung Müller D 52/9 u. 10, AmABl. 1. 6. 1946 S. 24, 25 und Anlagen Nr. 41, 42) zu beachten, d. h. ihr Vermögen fällt unter das Ges. Nr. 52, ist aber nicht beschlagnahmt, sondern nur der **Sperre** unterworfen. Die **allgemeine Genehmigung** ist für Rechtsgeschäfte erteilt, die zu ihrem **normalen** Aufgabenkreis gehören und nicht durch das Ges. Nr. 52 verboten sind mit der Maßgabe, daß die Genehmigung nicht zum Kauf, Verkauf oder sonstigen Verfügungen über Grundbesitz ermächtigt, und daß die Anstalt keine Geschäfte betreiben darf, die direkt oder indirekt ihr Vermögen wesentlich vermindern, gefährden oder anderweitige Nachteile für ihr Vermögen zur Folge haben (ebenso Büro der MilReg. für Württ.-Baden vom 19. 5. 1947).

Wenn **Kirchengut** zu **Siedlungszwecken** enteignet werden soll, bedarf es eines **Antrags** des **Kulturamts** beim Landrat. Für Gemeinden besteht zur Zeit nach dem Erlaß des Min. d. Inn. 322/1 vom 19. 3. 1946 bzw. 8. 6. 1946 und 7. 2. 1947 ein Veräußerungsverbot für Gemeindegrundstücke, besonders, wenn sie vermietet oder verpachtet sind. Eine Ausnahme gilt nur für Tauschverträge und Verkäufe, die unaufschiebbar sind und im öffentlichen Interesse liegen. Aber auch dann ist Genehmigung nach § 62 GemO. nötig. Auch die **Erbbaurechte** fallen unter das Ges. Nr. 52 und unter das Veräußerungsverbot, soweit es sich nicht um Veräußerung an Unternehmer handelt, die substanzerhaltende Arbeiten an teilweise zerstörten Häusern vornehmen.

8. Bei **Waldgrundstücken** bedarf es nach dem Ges. über die Forstverwaltung in Hessen vom 16.11.1923 (RegBl. S. 491), Anlagen Nr. 35, 36 der Genehmigung der **oberen Forstbehörde,** d. h. der Bezirksforstämter evtl. des Ministeriums f. Landw., Ern. u. Forsten (Ges. über den Aufbau der Forstverw. vom 10. 1. 1946, GVBl. S. 55), und zwar auch dann, wenn der Verkauf zur Abholzung stattfand und schon ein Teil des Holzes geschlagen ist (RGerBriefe). Alle Grundstücke, die im Waldverzeichnis als Wald erklärt sind **(Waldkataster)**, auch wenn sie anderweit genutzt sind, gehören zum **Waldverband;** sie müssen aus ihm durch das Bezirksforstamt freigegeben werden. Daher ist bei Verkauf von Privatwaldgrundstücken (Privatwald II. Klasse, sog. kleiner Bauernwald) eine Anfrage des Grundbuchamts dort erforderlich, ob der Staat das ihm zustehende **Vorkaufsrecht** in Anspruch nimmt. Soll das Grundstück als **Bauland** verwendet werden, so bedarf es noch einer Bescheinigung des **Kulturamts,** daß der Käufer zu den Personen des Art. I des GSB. vom 15. 10. 1946 (GVBl. S. 218) gehört, dessen Bestimmungen denen des ForstverwG. vorgehen (GSB. Art. VII Ziff. 2). Die Veräußerung und Verpachtung forstwirtschaftlich ge-

nutzter Grundstücke des **Staats** ist genehmigungsfrei (§ 7 Abs. 1 Ziff. 1 der DurchfV. z. KRG. Nr. 45 (GVBl. 1947 S. 44). Art. VII Ziff. 2 bezieht sich nur auf Siedlungsvorhaben (Auskunft des LandwM. J-I-5 vom 3. 6. 1948).

9. Nach dem Ges. über das **Volksschulwesen** in Hessen vom 25. 10. 1921 Art. 48, 2 (RegBl. S. 303, Reh S. 183) ist zur Veräußerung eines Schulgrundstücks Genehmigung der oberen **Schulbehörde** (Kultusminister) erforderlich.

10. **Erfordernisse** bei **Verfügungen** über **land- und forstwirtschaftlich genutzten Grundbesitz.**

Maßgebend sind: KRG. Nr. 45, DurchfV. vom 11. 7. 1947 (GVBl. S. 44) über landwirtschaftliches Erbrecht, Landgüterordnung und Landbewirtschaftung, Belastung und Verpachtung, Zuständigkeit und Verfahren; Landbewirtschaftungsordnung vom 11. 7. 1947 (GVBl. S. 52); die Hess. Landgüterordnung vom 1. 12. 1947 (GVBl. 1948 S. 12); Ges. zur Beschaffung von Siedlungsland und zur Bodenreform (GSB.) vom 15. 10. 1946 (GVBl. S. 218) mit der DurchfV. vom 17. 2. 1947 (GVBl. 1947 S. 9), dem BeschleunG. vom 28. 11. 1947 (GVBl. 47 S. 107), den 3. und 4. DurchfV. v. 20. 1. 1949 (GVBl. S. 12—14) und der 2. DurchfV. zum KRG. 45 v. 31. 3. 1949 (GVBl. S. 35); s. Anlagen Nr. 24—28, sowie das Aufbauges. vom 25. 10. 1948 (GVBl. S. 139). Für Kosten und Gebühren gelten bis 31. 3. 1950 die Ver. vom 31. 10. 1948 mit der RKostO. und dem neuen Zuschlagsges. (25%) vom 9. 11. 1948 (GVBl. S. 44, 151, 152), im Verfahren vor Landw.Behörden und Bauerngerichten die V. vom 31. 10. 1948 (GVBl. S. 153), s. Anlagen Nr. 51 u. 52.

Für **Kleingärten** gilt Verwaltungsrecht (Kleingarten- und Kleinpachtlandordnung vom 31. 7. 1919 (RGBl. I S. 1921); vgl. StA. 1947 S. 439 Nr. 41 Nr. 557, 558. Ihre Kündigung regelt die V. vom 15. 12. 1944 (RGBl. I S. 437). Für Kündigung von Land- und Fischereipachtverträgen und Treuhandverwaltungen gilt das Ges. vom 20. 8. 1947 (GVBl. S. 68) in Verbindung mit KRG. 45 Art. VI und GSB. vom 15. 10. 1946 (GVBl. S. 218) und der noch geltenden RPachtschutzordnung mit deren abgeändertem § 39 vom 30. 7. 1940 (RGBl. I S. 1065). Grundstücke, die als **Kleingärten** genutzt werden, fallen nicht unter das KRG., wohl aber **Bauland,** das noch landwirtschaftlich genutzt wird. RdE. J.M. 8301—III. 580 vom 13. 4. 1948 über die Tätigkeit des Bauerngerichts.

a) Die Genehmigung bei der **Auflassung, Verpflichtung** zur **Übereignung, Verpachtung** und Veräußerung zum Zweck der **Zwangsversteigerung** von Grundstücken in der Größe bis zu 1 ha erteilt die landwirtschaftliche Verwaltung in der Kreisstufe **(Landwirtschaftsamt)**, über 1 ha das **Bauerngericht.** Es macht keinen Unterschied, ob Landgut oder nicht, wenn **nur** bei **Landgütern** die Ackernahrung gewahrt bleibt (DurchfV. § 15, LGO. § 1). Gegen den Bescheid des Landwirtschaftsamts kann binnen 2 Wochen seit der Zustellung Antrag auf Entscheidung durch das **Bauerngericht** als erste Instanz beim Amtsgericht gestellt werden (ein Richter und zwei Landwirte als Beisitzer). Gegen dessen Bescheid ist sofortige Beschwerde binnen 2 Wochen an das Bauernobergericht beim OLG. zulässig (ein Richter als Vorsitzender, zwei weitere Richter und zwei landwirtschaftliche Beisitzer) (DurchfV. §§ 18 u. 31, 5). Das Bauerngericht entscheidet auch über Maßregeln nach Art. VII KRG., die in dem § 14 der . DurchfV. und in der Landbewirtschaftungsordnung näher aufgezeichnet sind und im wesentlichen den in Art. I des KRG. aufgehobenen Ver. zur Sicherung der Landbewirtschaftung entsprechen. Die Anordnungen trifft zunächst das **Landwirtschaftsamt**; Beschwerden gehen an das **Bauerngericht,** die sofortige Beschwerde in den Fällen des Art. VII Ziff. 3 an das **Bauernobergericht.** Die Bauerngerichte haben als **ordentliche** Gerichte den Landwirten auch **Vertragshilfe,** besonders bei Übergabeverträgen, Belastungen usw. nach dem Vertragshilfegesetz vom 24. 8. 1946 und den dort aufgeführten früheren Gesetzen zu leisten (GVBl. 1946 S. 170). Die Beisitzer werden wie die Schöffen und Geschworenen entschädigt (GVBl. 1947 S. 110 u. 1948 S. 80). Ebenso die landwirtschaftlichen Beisitzer bei den Pachtämtern und dem OLG. (AnO.

JM. vom 1. 11. 1948, GVBl. S. 156). Entscheidung ohne landw. Beisitzer nach § 18a der 2. DurchfV. (GVBl. 49 S. 35).

Die Genehmigung zur **Auflassung** und **Bestellung** eines **Nießbrauchs** (Art. IV KRG.) und zur **Verpachtung** von land- und forstwirtschaftlich genutzten Grundstücken (Art. VI) ist in den Fällen des § 7 **nicht** erforderlich. Sie betreffen die Rechtsgeschäfte der Länder, Ehegatten und naher Verwandten, wenn es sich nicht um Veräußerung von Grundstücken handelt, ferner solche nach dem GSB. für gemeinnützige Zwecke sowie zur Feldbereinigung. Die Genehmigung ist in den Fällen Art. IV Ziff. 4 zwingend zu versagen; in den Fällen des § 8 DurchfV. kann sie versagt werden. Eine Mindestgrenze, bis zu der es einer Genehmigung nicht bedarf, ist auf Grund des § 7 Ziff. 2 durch V. vom 30. 8. 1948 (GVBl. S. 134) auf 25 ar (1 Morgen) festgesetzt:

1. für Verpachtung, Nießbrauchsbestellung und solche Verpflichtungsverträge sowie Abgabe von Geboten für Zwangsversteigerung;
2. für Auflassungen und Verpflichtungsverträge, wenn das Grundstück am 30. 8. 1948 als selbständige Parzelle bestanden hat.

b) Die Genehmigung des Bauerngerichts ist nach KRG. Art. V (DurchfV. § 16) zur **Belastung jedes** land- oder forstwirtschaftlich genutzten Grundstücks mit Hypotheken, Grund- oder Rentenschulden, ebenso aber zu sonstigen Belastungen, wie Zwangshypotheken und Reallasten — nicht aber beschränkten persönlichen Dienstbarkeiten (Einsitz, Wohnrecht) — erforderlich, also auch, wenn es sich nicht um ein Landgut handelt wie früher nur bei Erbhöfen. Sie soll nach § 9 bei wichtigem Grund, namentlich bei dauernder Gefährdung der Leistungsfähigkeit **nicht** erteilt werden und ist in den Fällen des § 9 Abs. 2 der DurchfV. **nicht** erforderlich (GVBl. 1947 S. 46 mit der Abänderung S. 93 und § 37 Ziff. 3 S. 49). Eine Freigrenze gibt es also nicht.

Bei Grundstücken **unter 1 ha** ist die Genehmigung der **Bauerngerichte** auch zur Auflassung und Nießbrauchsbestellung nach dem Wortlaut des § 15 dann erforderlich, wenn diese Grundstücke mit Hypotheken, Grund- oder Rentenschulden belastet werden sollen. Sie ist nach dem abgeänderten § 9, 2 Ziff. 1 (GVBl. 1947 S. 46 u. 93) dann nicht erforderlich, wenn es sich um eine Belastung bis zu $^7/_{10}$ des Einheitswerts handelt, soweit die jährliche Zins- und Tilgungsleistung 2,5% dieses Einheitswerts nicht übersteigt.

Ob die Genehmigung zu a und b erforderlich ist, entscheidet mit bindender Wirkung das **Bauerngericht**, das dem Grundbuchamt auch, soweit nicht offenkundig, ein Negativzeugnis erteilt (DurchfV. § 10). Kaufverträge und Auflassungen können von den Gerichten und Notaren auch vorbehaltlich der **späteren** Genehmigung beurkundet werden; das Geschäft ist bis dahin schwebend unwirksam (RdE. JM. 8330 III. 809 vom 4. 11. 1947 an den Vorstand der Anwaltskammer Frankfurt im Einvernehmen mit den Bay. und Württ.-Bad. JustMin.). Für Hypothekbestellungen dürfte nach der Praxis dasselbe gelten.

Die zu erwartende 2. DurchfV. zum KRG. 45 wird die Frage, ob die nach der GrundstVerkBek. früher genehmigten Verträge nochmals dem LandwAmt vorzulegen sind, im Gegensatz zu den Entscheidungen des LG. Darmstadt (T. 180/47. 296/47 u. 62/48) den Erfordernissen der Praxis entsprechend voraussichtlich dahin regeln, daß die Genehmigungen, die bis zum Inkrafttreten des KRG. 45 (24. 4. 1947) auf Grund der aufgehobenen Vorschriften erteilt sind, in Kraft bleiben, daß ferner in einer Reihe von Fällen die Bauerngerichte ohne Zuziehung von Beisitzern entscheiden können. Die fraglichen Entscheidungen gingen mit Güthe-Triebel 6. Aufl. S. 400 Anm. 45 zu § 19 davon aus, daß die zur Eintragung erforderlichen Voraussetzungen nach den zur Zeit der Eintragung (nicht der Auflassung) geltenden Rechtsvorschriften gegeben sein müßten. Sie berücksichtigen aber nicht § 878 BGB. (Verfügungsbeschränkungen hindern nicht die Eintragung, wenn die Auflassung vor ihrem Inkrafttreten erklärt und Eintragung beim GAmt beantragt war, Palandt § 878 A. 3).

Da die Bestimmungen der bisherigen GrundstVerkBek. in die 1. DurchfV. übernommen worden sind, wird es Tatfrage sein, ob ein Grundstück (z. B.

Wohnhaus) seiner Natur und Bewirtschaftung nach den übrigen land- und forstwirtschaftlich **genutzten** Grundstücken zuzurechnen ist. Im Zweifelsfall entscheidet bindend das Bauerngericht (DurchfV. § 10 vgl. Riecke-v. Manteuffel „Der ländliche Grundstücksverkehr“ 1937 S. 17 und Hopp „Verkehr mit land- und forstwirtschaftlichen Grundstücken“ 1939).

Hat bei **Landgütern** (s. oben zu § 13 GBO. 5c) ein **Familienrat** Teilungen oder Übernahme des Landguts beschlossen, so ersetzt dieser **Beschluß** in gerichtlicher **Ausfertigung** die **Auflassung** (LGO. § 23, GVBl. 1948 S. 14).

c) Die **Unbedenklichkeitsbescheinigung** über Zahlung von 7% Grunderwerbssteuer nach der RAbgO. vom 22. 5. 1931 (RGBl. I S. 161) bzw. § 8 der GrEDB. — nur erforderlich bei **entgeltlicher** Übertragung von jeglichem Grundbesitz wird in Hessen vom **Finanzamt** erteilt. Sonst s. Komm. S. 53 und DJ. 1945 S. 36 bei Berichtigung auf Erben im Alleineigentum. Einheitswertbescheid des Finanzamtes ist beizufügen.

d) Die **Unbedenklichkeitsbescheinigung** der **Preisstelle** nach der V. vom 7. 7. 1942 (RGBl. I S. 451, Komm. S. 54 zu k) wird vom Landrat bzw. Oberbürgermeister erteilt. Sie bezieht sich nur auf das schuldrechtliche **entgeltliche** Verpflichtungsgeschäft, das beim Preisverstoß nichtig ist. Im übrigen näheres DJ. 1944 S. 30).

Die Preisstopverordnung vom 7. 7. 1942, die bezüglich des Verkaufs von Grundstücken vom Wirtschaftsrat aufgehoben war, ist nach dem Öffentlichen Anzeiger für die Bizone wieder in Kraft gesetzt.

e) Die **gleiche** Genehmigung oder ein **Negativzeugnis** ist nach dem Ges. über die Aufschließung von **Wohnsiedlungsgebieten** vom 22. 9. 1933 (RGBl. I S. 659) und AVO. vom 25. 2. 1935 (RGBl. I S. 292) notwendig, in Landkreisen vom Landrat, in Stadtkreisen vom Oberbürgermeister zu erteilen (Komm. S. 53). Die Wohnsiedlungsgebiete in Hessen sind in den V. bzw. Bek. der RegBlätter und zuletzt in Ausschr. des OLGPr. mitgeteilt (vgl. Reh 1937 S. 8 u. 1939 S. 27, 34, 47, 49 und Gen. 6221), zuletzt im GVBl. Die gleichen Behörden erteilen die nach § 10 des **Aufbauges.** vom 25. 10. 1948 (GVBl. S. 139) erforderliche **Bescheinigung,** ob das Grundstück unter den Baugebietsplan fällt und ob die Behörde von ihrem Vorkaufsrecht Gebrauch macht (vgl. auch unten zu g).

f) Außer allen vorstehenden **Genehmigungen** bedarf es noch **gegebenenfalls** derjenigen nach dem **GSB.** (GVBl. 1946 S. 218), neben dem das **Reichssiedlungsgesetz** weitergilt (G. vom 15. 12. 1919, RGBl. S. 1429) (GSB. Art. IX). Solche Fälle sind nur gegeben:

1. wenn der Vermerk (kein Sperrvermerk!) des § 13 der 2. DurchfV. im Grundbuch eingetragen ist, auch kein Ersuchen um solche Eintragung vorliegt,
2. bei Grundbesitz über 100 ha, wenn Vormerkung oder ein Sperrvermerk der §§ 3 und 5 des Beschleunigungsges. vom 28. 11. 1947 (GVBl. S. 107) eingetragen sind,
3. bei Veräußerung von Grundbesitz über 25 ha oder Teilen davon zur Wahrung des Vorkaufsrechts der Siedlungsunternehmen nach den §§ 4, 5, 10, 14 des RSG. vom 11. 8. 1919 (RGBl. S. 1429),
4. wenn Waldgrundstücke als Bauland verwendet werden sollen zur Wahrung des Vorrangs unter den landsuchenden und landbedürftigen Personen (Bescheinigung des Kulturamts s. § 20 Ziff. 8).
5. bei Veräußerung von dem RSG. von 1919 an sich nicht unterworfenem unbewirtschaftetem oder landwirtschaftlich oder forstwirtschaftlich oder als Garten genutztem Grundbesitz, wenn der neue Eigentümer, sei es auch erst nach dem Erwerb, auf diese Weise mehr als 25 ha bewirtschaften würde oder wenn das Amtsgericht die Veräußerung als den Zwecken des Landgesetzes nicht entsprechend beanstandet und dies dem Landsiedlungsamt bzw. Kulturamt mitteilt (s. Anlage Nr. 24).

In sonstigen Fällen insbesondere bei Verkauf von Wohnhäusern in den Städten, wo ja auch das Landwirtschaftsamt nicht in Frage kommt, erübrigt sich eine Anfrage beim Kulturamt.

Nach den DurchfV. vom 15. 1. und 17. 2. 1947 (GVBl. S. 9) und 20. 1. 1949 (GVBl. S. 12—14) sind:

1. Obere Siedlungsbehörde das Ministerium für Landwirtschaft, Ernährung und Forsten mit einer Spruchstelle von fünf Mitgliedern.

2. Untere Siedlungsbehörden die Kultur-(Feldbereinigungs-)ämter in Verbindung mit dem Landrat, Flüchtlingskommissar und dem landwirtschaftlichen Ausschuß.

3. Die bestehenden gemeinnützigen Siedlungsunternehmen, als welche auch das Land Hessen, Kreise, Gemeinden und Genossenschaften sowie die provinziellen Siedlungsgesellschaften gelten. Sie haben Antragsrecht wie etwa das Recht zur Enteignung. Die **Genehmigung** erteilt die **untere** Siedlungsbehörde. Über Beschwerden entscheidet die Spruchstelle beim Ministerium (Landeskulturabteilung), die als besonderes Verwaltungsgericht im Sinne des VerwGerGes. vom 31. 10. 1946 (GVBl. S. 194) anzusehen ist. Bezüglich der **Aufteilung** von **Hypotheken** und **Abschreibung** von Grundstücks**teilen** gelten die §§ 1 und 2 des Ergänzungsges. vom 4. 1. 1934 (RGBl. I S. 1 (Komm. S. 166). Die **Abgabepflicht** besteht für natürliche wie juristische Personen des privaten wie öffentlichen Rechts (Staat, Kirchen, Forsten usw.) nach gesetzlich festgelegten Tabellen (vgl. GVBl. 1947 S. 12—14). Auch Stücke des **gebundenen** Grundbesitzes stehen unter dem GSB. Mit der Rechtskraft des Enteignungsbeschlusses fallen alle **Bindungen** weg (2. DurchfV. § 11). Bei **Forstgrundstücken** erteilt das Bezirksforstamt die Genehmigung (oben zu Ziff. 8 und GSB. Art. VII, 2).

Alle **rechtsgeschäftlichen** Verfügungen über Grundeigentum des Art. IV, die **nach** dem 1. 1. 1945 getroffen worden sind, bedürfen der **nachträglichen Genehmigung** der Siedlungsbehörde, sind also schwebend unwirksam (Art. IV Ziff. 5). Fehlt die Genehmigung, so ist auf Antrag evtl. von Amts wegen ein **Widerspruch** im Grundbuch einzutragen. Verfügungen, die nach Verkündung des GSB. (15. 10. 1946) getroffen worden sind, bedürfen bis zum 24. 4. 1947, dem Inkrafttreten des KRG. N. 45, der gleichen Genehmigung, soweit sie unter den Art. IV GSB. fallen, nach diesem Zeitpunkt aber nur der Genehmigung des Landwirtschaftsamts bzw. Bauerngerichts für Auflassungen und Verpachtungen (Min. f. L., E. u. F. — Abt. VI - Tgb. 226a — vom 20. 5. 1948 an die Kulturämter) (Anlage Nr. 33). Das **Beschleunigungsgesetz** vom 28. 11. 1947 (GVBl. S. 107) sieht für Grundbesitz über 100 ha (GSB. Art. IV Ziff. 1 u. 2) ein abgekürztes Verfahren vor, besonders die Eintragung einer **Vormerkung** zur Sicherung des zu erwartenden Eigentumsübergangs auf Grund des Enteignungsverfahrens und die Eintragung eines **Sperrvermerks** bei **allen** Grundstücken eines abgabepflichtigen Grundbesitzes, solange die grundbuchmäßige Bezeichnung noch nicht möglich ist. Beide Vermerke gehören in die Abt. II ebenso wie der Hauptvermerk des § 13 der 2. DurchfV. „Das Grundstück unterliegt der Landabgabe." Der letztere Vermerk bewirkt aber keine Sperre, sondern ist nur eine „Belastung", also ein Vermerk, der den guten Glauben zerstört. Das Eigentum geht mit der Rechtskraft des Beschlusses auf den Antragsteller über; damit erlöschen auch alle privatrechtlichen Lasten, soweit sie der Antragsteller nicht übernommen hat oder ihr Bestehenbleiben angeordnet ist. Gleiches gilt für den Vermerk der Aussetzung der Landabgabe nach § 5 der 4. DurchfV. v. 20. 1. 1949 (GVBl. S. 14).

Der **Vorsteher** des **Kulturamts** oder ein anderer vom Minister beauftragter Beamter kann Kaufverträge beurkunden und Auflassungserklärungen abgeben. Die Verträge und sonstigen Verhandlungen müssen als **„Siedlungssache"** bezeichnet sein und stehen dann gerichtlichen oder notariellen Urkunden gleich, wenn sie in der für Gerichte vorgeschriebenen Form **und** unter Bezugnahme auf den erteilten Auftrag aufgenommen sind. (2. DurchfV. § 2.)

Fällt das abgabepflichtige Vermögen unter die MRG. 52 oder 53, so gilt für das **beschleunigte** Verfahren die **Allgemeine Genehmigung** Nr. 9 mit den Erlassen des JM. 3490/I. III. 959 vom 5. 11. 1947 und des M. f. L., Ern. u. F. vom gleichen Tag, Abt. VI, Tagb. Nr. 3547a Az.LK. 40.00 gen. mit AmABl. vom 31. 10. 1947 S. 11. Sie sind bestimmt für die Durchführung durch die **Nass. Siedl.**GmbH. in **Frankfurt/Main** und die **Hess. Heimat-Siedl.**GmbH. in **Kassel.** Zugelassen sind ferner die **Hess. Heimstätten** GmbH. in **Kassel** für den RegBez. **Kassel** und die **Nass. Heimstätten** GmbH. in **Frankfurt/Main** für die RegBez. **Wiesbaden** und **Darmstadt** unter Beschränkung auf die im Art. I Ziff. 1 des GSB. genannten Zwecke (StA. Nr. 44/47, S. 466 Ziff. 582) und unter gleicher Beschränkung am 11. 6. 1948 die gemeinnützige Baugenossenschaft m. b. H. **Wildniß in** Niederramstadt bei Darmstadt. Das **Kulturamt Darmstadt** ist bevollmächtigt, als Abwicklungsstelle für das Land Hessen als gemeinnütziges Siedlungsunternehmen Löschungsbewilligungen zu erteilen und entsprechende Anträge bei den Gerichten zu stellen (Min. f. Landw. usw., Landeskulturabt. IIIb TGB. Nr. 1172a und 1174a Az: IX. 4c. 5. 6 vom 27. 6. 1947). Dazu müssen aber die Vorschriften über die Abgabe eidesstattlicher Erklärungen (s. Ziff. 11) befolgt werden. Siehe Anlagen Nr. 38—46 u. 50.

Über das Verhältnis des GSB. zur LBO. bestimmt die 1. DurchfV. vom 28. 8. 1947 (GVBl. S. 93), welches Gesetz vorgeht. Ist der Siedlungs- und Bodenreformzweck vordringlich, gilt GSB., sonst die Landbewirtschaftungsordnung (LBO.).

Das Hess. **Landges.** vom 1. 9. 1919 (RegBl. S. 321 mit VollzugsO. S. 344) ist durch KRG. 45, GSB. 1946 mit den Durchführungsverordnungen im wesentlichen überholt. Es gilt nur noch, soweit nicht Bestimmungen dieser Gesetze und des durch sie aufrechterhaltenen RSG. vom 15. 12. 1919 und dessen Ergänzungsverordnungen etwas anderes vorschreiben. Das ist der Fall in der V. über das **Vorkaufsrecht** nach dem RSG. vom 15. 4. 1937 (RGBl. I S. 546) Art. 2, der die **landesrechtlichen** Vorschriften über das Vorkaufsrecht nach dem RSG. aufhebt, nicht aber die übrigen **landesrechtlichen** Vorschriften über die Siedlungsunternehmen, also nicht die Verfahrensvorschriften Art. 23 bis 40 (s. Art. 37) und nicht die Verfügungsbeschränkungen nach Art. 42 bis 48 und Vollzugsordnung §§ 50—54. Nach Art. 3 der V. vom 15. 4. 1937 hat also das Siedlungsunternehmen bei unbewirtschaftetem, landwirtschaftlich, forstwirtschaftlich oder als Garten genutztem Grundbesitz ein **Vorkaufsrecht,** wenn das Grundstück mehr als 1 ha groß ist. An die Stelle des hier genannten Landamtmanns ist nach der Bek. vom 5. 11. 1937 auf Grund des Art. 9 des Landgesetzes die Landesregierung Abt. VI, jetzt der Minister für Landwirtschaft, Ernährung und Forsten getreten; s. Anlagen Nr. 24, 25 und Reh 1919 S. 161ff., 1937 S. 160. Für das nicht unter das GSB. fallende Gelände wird daher auf Grund des § 50 der VollzO. dem Kulturamt vom Landsiedlungsamt eine Vollmacht erteilt

1. zu Beurkundungen nach §§ 313, 873, 2 BGB.,
2. zur Entgegennahme der Einigung nach § 925, 2 BGB.,
3. für Ersuchen nach § 39 GBO.

g) Infolge der Auswirkungen des Krieges wird neben dem GSB. das Ges. über den Aufbau der Städte und Dörfer des Landes Hessen **(Aufbaugesetz)** vom 25. 10. 1948 (GVBl. S. 139) besondere Bedeutung erlangen. Es setzt als Aufgabe der Stadt- und Landkreise die Planung, Ordnung des Grund und Bodens und seine Bebauung auf Grund von 5 Arten von Bauleitplänen fest und bestimmt eine Zusammenfassung des Ortsbaurechts und der Ortssatzungen. Als Voraussetzung dieser Neuordnung statuiert es im § 10 ein gesetzliches **Vorkaufsrecht** für alle Verkaufsfälle von Grundstücken mit Rang vor allen Vorkaufsrechten, also auch vor denen des GSB. und RSG.; es bedarf nicht der Eintragung im Grundbuch und muß bis zum Ablauf eines Monats nach Empfang der Mitteilung durch den Verpflichteten ausgeübt werden; bei Veräußerung an den Ehegatten oder nahe Verwandte ist es ausgeschlossen. Das

Grundbuchamt **muß** die Eintragung eines Eigentumsübergangs so lange aussetzen, bis ihm die Nichtausübung oder das Nichtbestehen dieses Vorkaufsrechts **nachgewiesen** ist. Der Nachweis, daß ein Grundstück nicht in den Baugebietsplan fällt, wird durch eine Bescheinigung der Aufbaubehörde der Stadt bzw. des Landkreises erbracht. In diesen Baugebieten finden das RSG. vom 11. 8. 1919, Fassung 7. 6. 1923 (RGBl. I S. 364) und 8. 7. 1926 (RGBl. I S. 398) und das G. über die Neugestaltung deutscher Städte vom 4. 10. 1937 (RGBl. I S. 1054) keine Anwendung. Die Enteignungs- und Umlegungsbehörden (Gemeindevorstand bzw. Kreisausschuß) können um Eintragung und Löschung von Enteignungsvormerkungen und Umlegungsvermerken sowie um Berichtigung des Grundbuchs ersuchen und haben den Verteilungsplan durchzuführen (vgl. auch zu § 38 GBO. Anm. h). Eine gerichtliche Nachprüfung aller Maßnahmen ist durch § 43 gewährleistet. Die Gemeinde kann ihr Vorkaufsrecht auf Dritte (Körperschaft des öffentlichen Rechts, Wohnungsunternehmen usw.) übertragen; näheres im § 10 Abs. 1 des Gesetzes.

11. **Erfordernisse nach dem MRG. 52 u. 53,** dem **Befreiungsges.** § 61 **und der AVO. 1** vom 16. 2. 1946 **zum MRG. 2** (Deutsche Gerichte) vgl. AmABl. 1. 6. 1946 S. 24; Sammlung Müller D 52/1, D 53/1 und D 2/7 S. 6.

a) **Sperrvermerk** und **Sperregister.**

Nach den MRG. 52 und 53 bedarf jede Übertragung von Vermögen, sei es im Inland (52) oder im Ausland (53) lebenden, diesen Gesetzen unterliegenden Personen der Zustimmung der MReg. Die AVO. 1 schreibt deshalb die Führung eines Sperregisters bei den Gerichten vor. Es ist aufzustellen und fortzuführen auf Grund von Mitteilungen und Sperrlisten der Militärbehörden, der Landeszentralbank und der Ämter für Vermögenskontrolle (Name, Wohnort, mitteilende Stelle, Datum der Mitteilung, zugehörige Akten). Vor jeder Eintragung ist die Bescheinigung der Einsichtnahme oder die Bescheinigung des Registerführers nötig, ob das Vermögen gesperrt ist. Deshalb ist es für die Grundbuchämter zweckmäßig, eine alphabetisch geordnete Liste **(Sperrliste)** über die Grundeigentümer mit der Nummer des Sperregisters anzulegen und ebenso eine **Sperrliste** über **jüdisches** Grundvermögen. Was im Sperregister steht, gilt für das Gericht als offenkundig, genießt aber nicht den Schutz des öffentlichen Glaubens.

Einsicht und Eintragungen im Sperregister sind gebührenfrei; die Gebühr für schriftliche Auskünfte ist 1 DM. (RdErl. JM. 5560-Ia-3074 vom 18. 5. 1948).

b) Darum sind oft noch zur größeren Sicherheit des Richters, der jetzt auch die materiellrechtliche Lage zu prüfen hat, noch Anfragen bei der Landeszentralbank bzw. ihren lokalen Hauptstellen, bei den Ämtern für Vermögenskontrolle und bei der politischen Polizei, die ebenfalls Sperrlisten führt, erforderlich. Hinzukommen die eidesstattlichen Versicherungen der Beteiligten nach §§ 3b und 5c 2 der AVO. 1, daß weder durch die Eintragung noch durch das ihr zugrundeliegende Rechtsgeschäft ein Recht oder ein Anspruch hinsichtlich Besitz oder Eigentum einer Person übertragen wird, deren Vermögen von der MReg. gesperrt ist, daß auch nicht der Wert solchen Vermögens gemindert oder beeinträchtigt wird. Die Gerichte verlangen auch meist noch die Vorlage des Spruchkammerbescheids in Urschrift oder beglaubigter Abschrift, sehen nur bei Hypotheklöschungen mit löschungsfähigen Quittungen davon ab. Werden die EV. nicht im Akt selbst erklärt, sondern nachgebracht, ist die Beglaubigung der Unterschrift nicht erforderlich, da die EV. nur Voraussetzungen der Gültigkeit der Amtshandlungen, nicht aber des Eintragungsverfahrens sind (RdErl. JM. 3490/2-Ia-487 vom 17. 3. 1948). Vgl. auch § 27 GBO.

Auch wenn der **Notar** als Antragsteller auftritt, müssen diese Erklärungen von den Beteiligten abgegeben werden, da die Möglichkeit der Zurücknahme oder Berichtigung ihrer Anträge besteht, wenn sie als Antragsteller nicht in Erscheinung treten wollen.

Kriegsgefangene, amtlich **Vermißte,** ihre Frauen und Kinder fallen nicht unter die Bestimmungen des Art. I 1f des MRG. Nr. 2, während sonst Ehegatten als eine Person zu behandeln sind (Amt f. VermKontr. vom 16. 9. 1946, Büro der Finanzabt. d. MReg., Auslegung Nr. 11 zu den Grundakten Darmstadt V 4839/2 vom 31. 8. 1946 und Ausschr. LGPr. Frankfurt/M. vom 27. 5. 1946).

Eintragungen der **vor** der Verkündung der AVO. 1 (16. 2. 1946) betätigten Rechtsakte sind „vorläufig unwirksam", was im Grundbuch deutlich zu vermerken ist, bis dem Eintrag ein sog. **„Bestätigungsvermerk"** zugefügt ist. Dieser Vermerk darf aber nur auf Grund der oben erwähnten Feststellungen aus dem Sperregister eingetragen werden (AVO. 1 zum MRG. 2 Ziff. 5d).

c) Den gleichen rechtlichen Charakter wie der Sperrvermerk, der auf Ersuchen der MR. nach dem MRG. 52 und 53 und nach § 6 der AVO. zum MRG. 2 im Grundbuch einzutragen ist, hat der **Sperrvermerk** auf Grund des § 61 des **Befreiungsgesetzes,** wonach das Vermögen der nach Art. 58 entfernten und ausgeschlossenen Personen (Klasse I und II) ohne weiteres gesperrt ist. Der Minister kann einen Treuhänder bestellen. In allen diesen Fällen **muß** nach den MRGesetzen auf die Mitteilung hin eine Eintragung erfolgen, obwohl es sich um eine gesetzliche absolute Verfügungsbeschränkung handelt, die sonst weder eintragungsbedürftig noch eintragungsfähig ist (vgl. Hesse-Saage-Fischer § 19. III. 1a. E). Der RdErl. JM. 3100-Ia-162 vom 31. 1. 1947 über den Sperrvermerk weist deshalb auch darauf hin, daß der Vermerk nur einzutragen ist, wenn er sich auf **einzelne** im Ersuchen bestimmt bezeichnete Grundstücke beziehe. Werde aber das ganze Vermögen oder Sondervermögen einer Person gesperrt, so sei nur nach § 6a zu verfahren, also **nur** Eintragung in die **Sperrliste.** Zur Sicherstellung soll jede Eintragung einer Person in die Sperrliste dem Grundbuchamt mitgeteilt werden, das die Mitteilung zu den Grundakten nimmt und auf dem Handblatt oder dem Aktendeckel einen entsprechenden **Vermerk** macht (s. auch oben zu § 13 GBO.).

d) Im übrigen sind nach der AVO. 1 Ziff. 5a **unbeschränkt zulässig** die: Eintragung einer **Berichtigung,** eines **Widerspruches** oder einer **Vormerkung,** z. B. auch auf Auflassung im Grundbuch. Letzteres gilt auch bei Berichtigung auf die Erben, auch wenn der Erbfall nach Inkrafttreten des Gesetzes 52 und nach Wirksamwerden der Beschlagnahme eingetreten ist, da die Anpassung an die wahre Rechtslage nicht gegen den Wortlaut oder Sinn des Gesetzes 52 verstößt (LG. Hagen i. W. in Südd. JurZ. 1946 S. 231). In diesen Fällen der Ziff. d bedarf es also **keiner eidesstattlichen** Versicherung nach der AVO. 1, es sei denn, daß es sich bei den **Berichtigungen** um sog. unechte handelt, d. h. um solche, die nicht nach § 22 GBO. (wie Vereinbarung der Gütergemeinschaft, gesetzliche Erbfolge usw.), sondern auf Grund einer Eintragungsbewilligung beantragt sind; sie könnten ja eine z. B. durch Testament versuchte Vermögensverschiebung einer blockierten Person sein.

e) Eine **abstrakte** Löschungsbewilligung kann nur noch von **nicht** blockierten Beteiligten abgegeben und verwandt werden. Der Grund der Löschungsbewilligung muß also ersichtlich gemacht werden. Erfolgte Zahlung auf Sperrkonto, liegt keine Vermögensverminderung vor, dagegen liegt eine solche im Verzicht auf die Hypothek oder die Forderung. Ebenso kann der Gläubiger als Inhaber eines geschäftlichen Unternehmens, der die Vergünstigung des Gesetzes Nr. 52 Art. IV genießt, nur eine löschungsfähige Quittung abgeben, da Erlaß oder Verzicht im allgemeinen keine **normalen** Geschäfte eines solchen Unternehmens sind.

f) Neben dem Erfordernis der Bescheinigung etwaiger **Vertretungsbefugnisse** aus dem HR. hat der Grundbuchrichter auch zu prüfen, ob die vorgelegten **Erbscheine, Testamentsvollstrecker-** und sonstige **Nachlaßzeugnisse** und die **Bestallungen** den Vermerk der AVO. 1 Ziff. 6c (1) und (2) über Sperrung der Vermögen enthalten, so daß auch hier die Prüfung aus den Registern und Listen und evtl. Nachfragen wie oben notwendig werden.

g) Auch **Behörden** und öffentlich-rechtliche Korporationen, Banken, Kreise, Gemeinden und Kirchen wie jeder Antragsteller müssen eidesstattliche Versicherungen abgeben, soweit nicht die Allgemeinen Genehmigungen wie Nr. 2, 3, 5, 9, 12 etwas anderes bestimmen. Für Banken s. auch zu § 27 GBO. Notare dagegen sind nach § 15 GBO. nur ermächtigte Vertreter der Beteiligten oder Boten; vgl. „oder" in AVO. Nr. 1 Ziff. 5c.

h) Die Vorschriften der AVO. sind auf alle Beurkundungen und Beglaubigungen seit 16. 2. 1946 in der Amer. Zone anzuwenden. Im übrigen wird man die in der Frankfurter Richterbesprechung vom 25. 5. 1946 noch offengelassenen Fragen der Anwendbarkeit der AVO. 1 auf Beurkundungen und Beglaubigungen **außerhalb** der Amer. Zone dahin beantworten können, daß sie mindestens im Gebiet der **Trizone** anzuwenden sind, daß gegenseitige **Rechtshilfe** zu leisten ist, und daß auch die **Behörden** einer anderen Zone, überhaupt eines anderen Landes zur Abgabe der EV. veranlaßt werden können. Angesichts all dieser Schwierigkeiten ist wohl mit einem wesentlichen Abbau zu rechnen, zumal die Sperren und Blockierungen immer weniger werden. Zudem sind das Rechtsmittelgesetz, das GSB. und die V. über die Rechtsgültigkeit richterlicher Amtshandlungen usw. als zoneneinheitlich anerkannt (GVBl. 1948 S. 72 und 1949 S. 28).

Der KammergerPräs. Berlin empfiehlt nach dem VBl. f. Berlin 1946 (Formularbuch Kersten-Künzel 1948 S. 158) folgende Fassung: „Nach Belehrung über die Folgen einer falschen eidesstattlichen Versicherung erklären die Beteiligten, daß sie nach gewissenhafter Prüfung keiner Verfügungsbeschränkung auf Grund der Gesetze, Verordnungen oder Befehle der alliierten Besatzungsmächte oder der von ihnen autorisierten Behörden unterliegen." Leider ist diese allgemein verständliche Erklärung nach der nur für die Amer. Zone geltenden AVO. 1 nicht verwendbar. Hier sind die Erklärungen also zweimal abzugeben, bei der Beurkundung nach Ziff. 3b 2 und vor der Eintragung noch nach Ziff. 5c 2, da eine Sperre inzwischen erfolgt sein könnte. Letztere muß vom Antragsteller immer abgegeben werden, und zwar auf einem vom Gericht zu liefernden Formular. Wortlaut für beide s. Merkblatt in Anlage Nr. 50.

i) Das **Genehmigungsverfahren** für die von den Gesetzen Nr. 52 und 53 Betroffenen ist geregelt durch RdErl. JM. 3100-Ia-38 vom 7. 1. 1947 und 30. 4. 1948. Alle Anträge sind von den Interessenten oder ihren Anwälten, Treuhändern usw. bei dem **Amt für Vermögenskontrolle** einzureichen. Dem Landesamt für Vermögenskontrolle in Wiesbaden ist eine Sondervollmacht erteilt zur Genehmigung von Grundbucheintragungen hinsichtlich von Vermögen, das sich unter der **Kontrolle** der **MReg.** befindet, insoweit sich solche Eintragungen auf die Vornahme von Hypotheklöschungen und -belastungen beziehen. Hiervon sind alliierte und neutrale Vermögenswerte, wie solche, die ausländisches Beutegut darstellen oder deren Übertragung durch Zwang, Drohung oder Plünderung erfolgte, ausgenommen. Bei Vermögen, die der **Sperrkontrolle** des **Finanzministeriums** unterstehen, sind die Genehmigungsanträge auf Formblatt bei der zuständigen Zweigstelle der **Landeszentralbank** einzureichen. Das Landesamt für Vermögenskontrolle legt den Antrag dem Land Property Control Chief zur Weiterleitung an das **Amt der MReg.** für Hessen — Rechtsabteilung — vor (s. Anlage Nr. 46 und zu § 27 GBO.).

Die Ämter für Vermögenskontrolle werden natürlich nicht beteiligt, wenn die Allgemeinen Genehmigungen erteilt sind:

a) Nr. 2 und 10 (RErstG. GVBl. 1947 S. 150 u. 151);
b) Nr. 3 (Gemeinden und Kreise);
c) Nr. 5 (Kirchen und Wohlfahrtsanstalten);
d) Nr. 9 (Siedlung und Bodenreform);
e) Nr. 12 (Länder und Angehörige der UN-Staaten nach Art. I 1b des MRG. Nr. 52 (AmABl. Ausg. I vom 16. 3. 1948 S. 25).

12. Nach dem **MRG. Nr. 54** vom 27. 8. 1945 ist in der Amer. Zone **ausschließlich** Bremen das Besitz- und Nutzungsrecht an Vermögen der Wehr-

macht, Parteiorganisationen, Reich und seiner Behörden auf die **Länder** übertragen. Es bedarf zum Kauf, Tausch, Belastung, Bestellung eines Vorkaufsrechts, Vermietung oder Verpachtung der vorherigen besonderen Zustimmung oder allgemeinen Anweisung der MR.

13. **Erfordernisse nach dem MRG. Nr. 58** vom 29. 6. 1947 (GVBl. Beilage 1 zu Nr. 1/2 vom 10. 1. 1948 S. 1—9).

Nach diesem zur Ausführung der KRDir. Nr. 50 vom 29. 4. 1947 ergangenen Gesetz und den AusfBest. der MR. vom 11. 6. 1947 datiert, ist für die **Übertragung** oder **Rückübertragung** von beschlagnahmtem oder eingezogenem Eigentum nat.-soz., militärischer oder militärähnlicher Organisationen auf die **früheren Organisationen,** deren Rechtsnachfolger oder andere anerkannte Organisationen, Wohltätigkeitsanstalten usw. oder auf die **Länder** (s. Ziff. 12) eine **Übertragungsbescheinigung** des Leiters der zivilen Dienststelle für Vermögenskontrolle (LCAH.) oder eines anderen von den Ministerpräsidenten der Länder beauftragten Beamten erforderlich. Diese Bescheinigung **muß** den in Art. 1 des Gesetzes vorgeschriebenen Inhalt haben. Sie oder ein ordnungsmäßig beglaubigter Auszug „genügen" zur Vornahme der notwendigen Eintragungen in das Grundbuch. Die Tatsache, daß das Eigentum an einem Grundstück unter das MRG. Nr. 58 fällt, **muß** in das Grundbuch eingetragen werden. Mit dieser Eintragung ist der Eigentumsübergang vollzogen. Nach den Ausführungsbestimmungen müssen aber die Bescheinigung oder ihr Auszug in Form und Inhalt den deutschen gesetzlichen Erfordernissen entsprechen, die zur Erbringung des Beweises für die Übertragung notwendig sind, und sie müssen die erforderlichen Eintragungen des Eigentumsübergangs in das Grundbuch ermöglichen. Außer der äußeren Form des § 29, 3 GBO. bedarf es daher also wohl noch eines Eintragungsantrags nach § 13, 2 GBO., nicht aber einer besonderen Erklärung der **Einigung** nach § 20 GBO. Denn diese liegt im Antrag in Verbindung mit der Übertragungsbescheinigung, die also die Eintragungsbewilligung nach § 29 GBO. ersetzt, da sie ja eine öffentliche bzw. öffentlich beglaubigte Erklärung darstellt.

Zu § 22 GBO. S. 55.

Das Rückerstattungsgesetz (MRG. Nr. 59).

Der 2. Weltkrieg wirkte sich in seinen Folgen revolutionierend auch auf das Grundbuchwesen aus. Neue Rechtsinstitute entstanden, Sperren, Sperrvermerke, Anfechtung, Beschlagnahme, Rückerstattungsansprüche usw. beherrschen die Tätigkeit der Grundbuchämter und Notare. Zum Teil handelt es sich bei diesen **Sperren** um **absolute Verfügungsbeschränkungen,** die also an sich nicht eintragungsfähig sind, aber auf **Ersuchen** der MR. eingetragen werden müssen, zum Teil um Vormerkungen des künftigen Erwerbs oder um Widersprüche gegen den Inhalt des durch den Krieg und sonstige politischen Ereignisse unrichtig gewordenen Grundbuchs, im letzteren Fall also nach § 854 BGB. um eine Berichtigung des Grundbuchs. Eintragungsvoraussetzung ist in diesen Fällen weder ein Antrag noch eine Berichtigungsbewilligung der Betroffenen, ebensowenig ein Unrichtigkeitsnachweis. Grundlage der Eintragung bildet lediglich das Ersuchen einer Behörde (§ 38 GBO.). Es bedarf auch nicht der Zustimmung des eingetragenen Eigentümers oder sonstiger Berechtigter noch der Vorlegung von Briefen oder anderer Urkunden. Besonders wichtig ist in dieser Hinsicht das MRG. Nr. 59 über die **Rückerstattung feststellbarer Vermögensgegenstände** (Beil. 9 zum GVBl. vom 18. 12. 1947 S. 113—152) mit bis jetzt 7 DurchfV. (s. GVBl. 1948 S. 72, 137, 134 und 1949 S. 4) sowie einer Abänderung des Art. 8, 2 durch MRG. Beil. 6 zu GVBl. v. 17. 5. 1949 S. 34.

1. **Allgemeines.** a) Das Gesetz, in Kraft seit 10. 11. 1947, gilt nur in den Ländern der Amer. Zone. Es sieht, soweit feststellbar, die Rückerstattung von Grundstücken, Geschäftsunternehmungen, Wertpapieren, Mobiliar usw. vor, die aus Gründen der Rasse, Religion oder politischen Gegnerschaft verfolgten Personen in der Zeit vom 30. 1. 1933 bis 8. 5. 1945 entzogen wurden.

Es unterscheidet in Art. 2 **schwere** und **einfache** Entziehung. Erstere liegt vor, wenn der Gegenstand durch Rechtsgeschäft gegen die guten Sitten, durch Drohung oder sonstige unerlaubte Handlung dem Inhaber unfreiwillig verloren ging. Letztere ist gegeben, wenn der Inhaber den Gegenstand durch Staatsakt (Zwangsvollstreckung) oder Mißbrauch eines Staatsakts, durch Maßnahmen der Partei, ihrer Gliederungen oder angeschlossenen Verbände einbüßte. Bei schwerer Entziehung tritt die strengere Haftung des Art. 30, bei einfacher Entziehung die gemilderte des Art. 31 ein. Die einfache Entziehung durch Staatsakt oder Mißbrauch eines Staatsakts ist in den Fällen des Erwerbs zwischen dem 15. 9. 1935 (Nürnberger Gesetze) und 8. 5. 1945 durch Gewährung eines **Anfechtungsrechts** privilegiert (Art. 4).

b) Es handelt sich also im wesentlichen um ehemals **jüdischen** Grundbesitz, wenn er weiterveräußert war oder wenn dem jetzigen Besitzer die Tatsache des früheren jüdischen Besitzes nicht bekannt war. Guter Glaube schützt ihn also nicht (Art. 7).

c) Für die **Anmeldung** sind drei Fristen gesetzt: 15. 8. 1948 für die Rückerstattungspflicht, 31.12.1948 für den Rückerstattungsberechtigten (beide Meldungen nach Formular beim Zentralanmeldeamt Bad Nauheim) und 30. 6. 1949 für den Antrag der Staatsanwaltschaft in den Fällen des § 1936 BGB. (Fiskus als Erbe) zugunsten der von der Besatzungsbehörde bestimmten Nachfolgeorganisation des Fiskus (Art. 10). Dazu AusfVO. der MR. Nr. 3 im GVBl. 1/1949 Beil. 1 S. 7ff. und Beil. 2 zu GVBl. 3/1949 S. 13—16 über die Rechte der zugelassenen Nachfolgeorganisation JRSO. (Jewish Restitution Success Organization) und Nr. 5 im GVBl. 8/1949 Beil. 5 S 27 über Anmeldefrist.

d) Wiedergutmachungs-**Organe** sind die WGM.-**Behörden**, die WGM.-**Kammern** und das **Beschwerdegericht**. WGM.-**Behörden** sind nach der 1. DurchfV. vom 25. 1. 1948 (GVBl. S. 22) die 10 Ämter für Vermögenskontrolle und WGM. unter der Dienstaufsicht des Landesamts für Vermögenskontrolle und Wiedergutmachung (Erl. vom 12. 12. 1947, StA. Nr. 14 vom 3. 4. 1948 Ziff. 167 und 1948 S. 131). Ihre Zuständigkeit regelt die 5. DurchfV. vom 2. 9. 1948 (GVBl. S. 111). WGM.-**Kammern** werden nach der 3. DurchfV. vom 7. 1. 1948 (GVBl. S. 22) bei den Landgerichten Frankfurt, Gießen und Kassel errichtet (3 Richter, von denen der Vorsitzende Richter der ordentlichen Gerichtsbarkeit sein muß). Die binnen 1 Monat (bei ausländischem Wohnsitz 3 Monate) einzulegende sofortige Beschwerde geht an den Zivilsenat des OLG. Frankfurt/M. Neben den deutschen Behörden ist noch ein **Board of Review** zur Nachprüfung aller Entscheidungen durch die Besatzungsmacht errichtet mit Sitz in Nürnberg (AusfV. Nr. 4 vom 10. 8. 1948 in Beilage 7 GVBl. S. 58) und das Wiedergutmachungsamt Wiesbaden mit allgemeiner Zuständigkeit (AusfV. Nr. 6 in Beil. 7 S. 44, GVBl. v. 4. 6. 1949).

2. **Anfechtung, Sperrvermerk und Widerspruch.**

Ein **„Anfechtungsrecht„** haben nach Art. 4 in erster Linie Juden, die unter den Nürnberger Gesetzen ihren Grundbesitz durch die Zwangslage, in der sich ihre Glaubensgenossen befanden, verloren. Ein Anfechtungsrecht kommt erst in Frage, wenn nach Art. 4 feststeht:

1. ob einer der Entziehungsfälle des Art. 1 vorliegt;
2. ob nicht eine Entziehungsvermutung nach Art. 3 eingreift;
3. ob nicht die Entziehungsvermutung widerlegt ist.

Dadurch wird der Umfang der entzogenen Vermögensgegenstände über die eigentlichen Fälle des Art. 2 hinaus erweitert. Die Anfechtung braucht nicht ausdrücklich zu geschehen; es genügt die Anmeldung des Rechtsanspruchs in Bad Nauheim (Art. 4, 5). Auf Grund dieser Mitteilung **hat** die WGM.-Behörde die Eintragung eines **Sperrvermerks** (sog. **Rückerstattungsvermerk**) im Grundbuch zu veranlassen (Art. 61, 4). Dieser Vermerk, der in der Regel einen Anspruch auf dingliche Rechtsänderung sichern wird, wirkt aber gegen jeden Dritten, hat also nicht bloß (was nicht brauchte ausgesprochen zu werden) die Rechtsnatur einer Vormerkung nach §§ 883, 888 BGB. Zwar ist auch für seine Eintragung keine Eintragungsbewilligung erforderlich, ebensowenig wie nach § 18 Abs. 2 GBO., auch kein Antrag, also ein Fall der Eintragung ohne Bewilligungszwang (s. § 19). Auch der Gläubiger des zu sichernden Anspruchs braucht nicht eingetragen zu werden; es genügt der Vermerk in Abt. II: „Rückerstattung angemeldet, eingetragen auf Ersuchen usw.“ Der Gesetzgeber vermeidet auch, was nahegelegen hätte, im Art. 28 den Ausdruck **„Vormerkung“**, während er den **„Widerspruch“** dort ausdrücklich erwähnt. Bis zum Zeitpunkt der Eintragung sind die Rechtsgeschäfte gültig geblieben. Das folgt schon aus Art. 28, der die Hypothekenschuldner in ihrem guten Glauben schützt, die die Zinsen an den Rückerstattungspflichtigen zahlten, bevor ihnen die Anmeldung bekanntgegeben oder bevor der Rückerstattungsanspruch oder ein Widerspruch eingetragen worden ist. Das gleiche folgt aus dem englischen (allerdings nicht amtlichen) Text des Art. 2 Abs. 4, wonach die WGM.-Organe im Widerspruch zum WGM.-Gesetz stehende Entscheidungen „disregard“, d. h. nicht beachten sollen; sie sind also weder „void“ = nichtig noch „Null and void“ = absolut nichtig; vgl. dagegen „voided transaction“ = angefochtenes Rechtsgeschäft = entzogenes Vermögen.

Die Geschäfte bzw. Eintragungen sind daher **schwebend unwirksam.** Sie sind bzw. bleiben somit **gültig,** vor allem u. a. in folgenden Fällen:

a) wenn keine Anmeldung erfolgte;
b) wenn die Voraussetzungen des Art. 16, 2 vorliegen (Hauptfall: Einigung der Beteiligten);
c) unter den Voraussetzungen der Art. 5, 6 und 18 (Schenkungen, Verwahrungs- und Treuhandverhältnisse, Zwangsenteignung für öffentliche Zwecke) oder unter den Voraussetzungen
d) des 6. Abschnitts (Fortbestand der Rechte). Nach Art. 42 ist namentlich die Kündigung eines Mietverhältnisses erst nach einer für die Zukunft wirkenden Entscheidung über die genannten Rechtsverhältnisse zulässig, also bis dahin **schwebende** Unwirksamkeit.
e) Nach Art. 52 sind in allen Fällen, „wenn ein Bedürfnis besteht“, ganz allgemein **Sicherungsmaßregeln** der WGM.-Organe zugelassen, also Sperrvermerk, Widerspruch, Arrest, einstweilige Verfügung, sei es im Auftrag oder von Amts wegen. Besteht daher kein Bedürfnis, bleibt das Geschäft insolange **gültig.**

Führt die schwebende Unwirksamkeit durch die Eintragung derartiger Vermerke außer in den vorgenannten und sonstigen gesetzlich geregelten Fällen gemäß Art. 15 rückwärts zur **Auflösung** der früheren Rechtsgeschäfte und zur **Nichtigkeit** der zugehörigen Eintragungen oder liegen die Fälle des Art. 38 (Übergang von Rechten aus Belastungen mit Judenvermögensabgabe, Reichsfluchtsteuer usw.) oder Art. 40 vor (Übergang von auf jüdischen Grundstücken bestellten Hypotheken), so wird das Grundbuch durch diese außerhalb erfolgten Rechtsänderungen ohne weiteren Nachweis unrichtig, so daß es nach § 22 GBO. berichtigt werden muß. Da nun nach Art. 15 erst die endgültige dem Rechtsanspruch stattgebende Entscheidung die Wirkung hat, daß der Verlust des Gegenstandes als nicht eingetreten und später erworbene Rechte Dritter als nicht erworben gelten, und daß die Entscheidung für und gegen alle Personen wirkt, die am Verfahren teilgenommen haben oder zur Teilnahme berechtigt waren und hierzu vorschriftsmäßig aufgefordert wurden, so erhellt daraus, daß in vielen Fällen der frühere Rechtsvorgang **unbeanstandet** bestehen bleiben wird, während in zahlreichen anderen die **schwebende** Nichtigkeit sich in eine **vollkommene** verwandeln wird.

Es handelt sich daher bei diesem Sperrvermerk der Art. 61 Abs. 4 und Art. 4 Abs. 5 um ein **prozeßrechtliches Institut** sui generis, sei es zu dem der Vormerkung ähnlichen Zweck einer dinglichen Rechtsänderung, sei es zum Zweck der Berichtigung der durch die Eintragung des Sperrvermerks nach Art. 15 **rückwärts** für **nichtig** erklärten Eintragung. Anders der Sperrvermerk des § 5 Bodenreform-Beschleunigungsgesetzes, dem ausdrücklich die Wirkung einer **Vormerkung** beigelegt ist (G. vom 28. 11. 1947, GVBl. S. 107).

3. Neben diesen von den WGM.-Organen auf Antrag oder von Amts wegen zu bewirkenden Sperren und Eintragungen stehen die Mittel des BGB. und der ZPO , da das Rückerstattungsgesetz die Tätigkeit der ordentlichen Verwaltungs- oder sonstigen Gerichte nach Art. 60 **nicht** ausschließt. Insbesondere bleiben, da das Gesetz ein Schutzgesetz im Sinne der §§ 823, 826 BGB. ist, die Klagen aus unerlaubten Handlungen unberührt; sie fallen nicht unter das Rückerstattungsgesetz. In solchen Prozessen stehen natürlich der Anwendung von Vormerkungen und Widersprüchen auf Grund von Arresten und einstweiligen Verfügungen keine Bedenken entgegen (Art. 57).

4. Zur Vornahme der einschlägigen Rechtsgeschäfte ist die Allgemeine Genehmigung Nr. 10 und zu den Eintragungen im Grundbuch zur Durchführung des Rückerstattungsgesetzes die Allgemeine Genehmigung Nr. 2 auf Grund der AVO. Nr. 1 zum MRG. Nr. 2 (Deutsche Gerichte) von der MR. erteilt (GVBl. Beil. 9/1947 S. 150 u. 151); s. Anlage Nr. 40.

5. Bei Wiederherstellung zerstörter usw. Grundbücher sind **alle** Eintragungen nach dem 30. 1. 1933 zu übernehmen (V. vom 25. 3. 1948, GVBl. S. 66).

6. Kosten, Gebühren und Auslagen werden nach der 7. Verordnung vom 24. 12. 1948 (GVBl. 1949 S. 4) erhoben.

Zu § 27 GBO. S. 62.

Geldinstitute, deren Vermögen **gesperrt** ist (oben zu § 20 Ziff. 11g), können auf Grund der allgemeinen Ermächtigung des Art. IV Ziff. 6 des MRG. Nr. 52 Löschungsbewilligungen für Hypotheken und Grundschulden erteilen, da diese Geschäfte als „im Rahmen der normalen Geschäftstätigkeit erfolgend“ anzusehen sind, jedoch nur, wenn nicht auch das Vermögen des Schuldners gesperrt ist (RdErl. JM. II-1179/46 vom 26. 8. 1947), s. Anlage Nr. 45 u. oben S. 20e. Zum „normalen Geschäftsbetrieb“ eines Geldinstituts gehört neben den Löschungen auch der Erwerb und Weiterverkauf eines im ZVG.-Verfahren zur Rettung seiner Hypothek erworbenen Grundstücks; im Zweifel wäre seine eidesstattliche Versicherung erforderlich und genügend.

Zu § 28 GBO. S. 63.

Für die Länder der Amer. Zone gilt das MRG. vom 1. 7. 1947 (Beil. 6 S. 90 zum GVBl. 10/11 von 1947) über die Währung, wonach ohne schriftliche Genehmigung der MR. niemand sich irgendwie an einem Geschäft betätigen darf, wenn darin Zahlung in einer anderen als der **jetzt** D-Mark-Währung bedungen ist. Nach dem RdErl. JM. 3420 III. 134 vom 3. 10. 1947 können aber **Wertsicherungsklauseln** bei Rechtsgeschäften mit langfristigen Zahlungsbedingungen in **beschränktem** Umfang zulässig sein, wenn nämlich eine dahingehende Üblichkeit bereits zur Stopzeit im Sinne der PreisstopV. vom 26. 11. 1936 (RGBl. I S. 955) bestand und die nachgenannten Voraussetzungen gewahrt bleiben:

a) Die Abweichung von der allgemeinen Behandlung der Wertsicherungsvereinbarungen muß streng beschränkt bleiben auf Übergabe- und ähnliche Verträge für landwirtschaftliche Güter.

b) Berechnungsgrundlage dürfen nur landwirtschaftliche Produkte sein, die das in Betracht kommende Gut selbst erzeugte.

c) Die Vereinbarung darf die Berechnung der Leistungen auf Sachwertbasis nicht auf eine begrenzte Zeit festlegen, nach deren Ablauf dann in Geld fixierte Beträge zu zahlen wären. Denn wer die Vorteile einer solchen Vereinbarung genießen will, muß auch ihre etwaigen späteren Nachteile auf sich nehmen.

Über Grundbucheinträge im Zusammenhang mit der Währungsreform vom 21. 6. 1948 und dem Ges. zur Sicherung von Forderungen für den Lastenausgleich vgl. RdE. JM. 3851 III. 2640 vom 23. 9. 1948 in Anlage Nr. 47.

Zu § 29 GBO. S. 66.

1. Die Gerichte (**Richter- und Rechtspfleger — Urkundsbeamte** der Geschäftsstellen im Umfang der Entlastungsbestimmungen) und die **Notare** sind allgemein für die Beurkundung der Verträge, Hypothekenbestellungen mit Beurkundung der Unterwerfungsklausel, Auflassungen und sonstigen Eintragungsbewilligungen zuständig, auch für Grundstücke außerhalb ihres Amtsbezirks (oben S. 3 zu § 7 FGG.). Der sonst notwendigen gleichzeitigen Anwesenheit beider Teile bedarf es nach Art. 91 AGBGB. nicht, wenn die Grundstücke durch ein Gericht oder einen Notar versteigert werden, und die Auflassung noch im Versteigerungstermin stattfindet.

Daneben steht die Unterschriftsbeglaubigungsbefugnis der **Ortsgerichtsvorsteher** nach Art. 65 mit §§ 126ff. des AGFGG. und der Dienstanw. für die Ortsger. vom 22. 11. 1929, §§ 2, 53—57. Sie ist auch außerhalb Hessens nach § 191 FG. als gültig anzusehen und wegen des geringen Stempels (1 M) und der leichten und schnellen Beschaffung namentlich auf dem Lande sehr beliebt. Es empfiehlt sich aber für den Gebrauch außerhalb Hessens den Zuständigkeitsvermerk im Stempel aufzunehmen.

Ferner haben die Vorstände der **Kataster- und Kulturämter** nach RG. vom 15. 11. 1937 (RGBl. I S. 1257) Beurkundungs-, Beglaubigungs- und Antragsrecht (s. oben zu § 20 GBO. 10f. und zu §§ 5—7 GBO. Anm. 5).

Nach dem Hess. **Enteignungsgesetz** vom 26. 7. 1884, Fassung nach Art. 279 AGBGB., fertigt der Vorsitzende der Lokalkommission (Landrat, Oberbürgermeister) den **Enteignungsausspruch** aus, der das Grundbuch unrichtig macht und den Unternehmer berechtigt und verpflichtet, unter Vorlage einer Ausfertigung die Berichtigung des Grundbuchs nach § 22 GBO. zu beantragen. Im Fall **gütlicher Vereinbarung** vor der Lokalkommission ersetzt nach Art. 37, 1 und 38 das Protokoll die in den §§ 313 Satz 1, 873, 2 und 925 BGB. bezeichneten Beurkundungen. Dazu gehört auch die Unterwerfung des Unternehmers unter die sofortige Zwangsvollstreckung, so daß das Protokoll dem Enteigneten als vollstreckbarer Schuldtitel gegen den Unternehmer dient.

Zum GSB. vom 15. 10. 46 (GVBl. 46 S. 218) fehlen noch die nach Art. VII, 6 in Aussicht genommenen Ausführungsbestimmungen über Enteignung, Entschädigung, Rechtsmittelverfahren; bis dahin gilt noch das **RSiedlG.** vom 15. 12. 1919 (RGBl. S. 1429).

2. Die Beamten **dürfen** aber **nicht** die Erklärungen **aller** Personen beurkunden. Nach der V. über die Rechtsgültigkeit von **richterlichen** Handlungen usw. vom 13. 11. 1946 (GVBl. S. 226) kann zwar die Behauptung einer Nichtigkeit nicht damit begründet werden, daß der Richter, Staats- oder Rechtsanwalt oder Notar nicht die Voraussetzungen der Befähigung zum Richteramt erfüllt habe, wohl aber darf nach der MRAn. zum MRG. 2 und AVO. Nr. 1 (GVBl. Beil. 1 zu Nr. 1 vom 11. 1. 1947) **ohne allgemeine** oder **besondere Ermächtigung** der MR. kein Gericht oder Notar oder sonstiger Beamter irgendwelche Rechtsurkunden, Erklärungen oder Rechtsgeschäfte beurkunden, beglaubigen oder als Zeuge zeichnen, das Personen der Streitkräfte der **Ver. Nat.**, deren Angehörige mit offiziellen Stellen in der allgemeinen Verwaltung oder mit amtlichen Funktionen darin oder deren Angehörige betrifft. Nach RdErl. JM. 3120 La. 1955 vom 10. 10. 1947 und 6210. IIIa 1780/46 vom 27. 9. 1946 ist es aber „nach § 10a und b des MG. Nr. 2 den deutschen Gerichten nicht verboten, in Vormundschaftssachen oder anderen Angelegenheiten der Fr. Ger. tätig zu sein, in denen Staatsangehörige der **Ver. Nat.** betroffen sind; es ist ihnen aber verboten, in irgendeinem Fall dieser Art tätig zu sein, in den eine Person verwickelt ist, die bei den Streitkräften einer der Ver. Nat. dient oder diese begleitet“.

Im übrigen vgl. wegen der Amtshandlungen überhaupt die AVO. Nr. 1 zum MRG. Nr. 2 vom 16. 2. 1946 (Sammlung Müller D 2/8). Das **Verbot** im Amer. ABl. vom 31. 10. 1947 S. 4 gilt aber nicht für Rechtsgeschäfte, an denen **ausschließlich** einheimische natürliche Personen und auf Grund deutscher

Gesetze gebildete **deutsche** Gesellschaften innerhalb des Kontrollgebiets beteiligt sind. Ausgenommen sind auch Urkunden des Amerik. Kontrolloffiz. der I. G. Farben-I. (Beil. 3 GVBl. 29. 3. 1949 S. 24).

3. Wegen der übrigen Eintragungsgrundlagen s. oben §§ 13 und 20 GBO. Die eidesstattlichen Erklärungen zur AVO. sind nicht „sonstige zur Eintragung erforderliche Erklärungen", da das Gericht, wenn die Verhältnisse offenkundig sind, davon absehen kann. Sie bedürfen also nicht der Form des § 29. Vgl. auch zu § 20 Ziff. 11 und RdErl. JM. vom 17. 3. 1948. 3490/2 Ia 487. Bei **Heimstätten** ist nach den Hess. Zusatzbestimmungen vom 26. 1. 1927 (RegBl. S. 43, RGBl. S. 962) der Nachweis der Nichtausübung des Vorkaufsrechts des Ausgebers an die Form des § 29 GBO. nicht gebunden.

Zu § 11 RHeimstättenG. vom 10. 5. 1920:

Die Entscheidung darüber, ob und unter welchen Bedingungen eine Eintragung von Hypotheken, Grund- oder Rentenschulden in anderer Form als in der durch § 17 des RGes. vorgeschriebenen Form der unkündbaren Tilgungsschuld zuzulassen ist, trifft nach Zusatzbestimmungen Ziff. 4 zu § 17 das Gesamtministerium. Oberste Landesbehörde ist das Ministerium für Arbeit und Wohlfahrt (ZusBest. 5 zu § 25 des RGes.). Im übrigen s. A Nr. 125 vom 16. 5. 1929 zu § 36 RGes., abgeändert durch Ausschr. JM. vom 5. 6. 1931 Nr. 16616.

Zu § 36 GBO. S. 77.

Der Nachweis der **Folge** in einen **Hof** der **LG.Rolle** wird durch ein Zeugnis des Bauerngerichts, bei Entscheidung durch einen Familienrat durch Ausfertigung dieser Entscheidung durch seinen Vorsitzenden erbracht.

Zu § 38 GBO. S. 79.

Die Ersuchen von Behörden werden bei der Unzahl dieser Ermächtigungen zur Vermeidung von Rückfragen des Grundbuchamts nicht bloß der Form des § 29, 3 GBO. entsprechen müssen, sondern auch die gesetzliche Bestimmung enthalten, auf der die Ermächtigung der Behörde beruht. Von den hessischen Gesetzen seien hier erwähnt:

a) Die **Siedlungsbehörde** kann nach § 3 der V. zur beschleunigten Durchführung der Bodenreform vom 28. 11. 1947 (GVBl. S. 107) die Eintragung einer **Vormerkung** nach § 883 BGB. beantragen.

b) Nach § 5 kann sie, solange die grundbuchmäßige Bezeichnung des abzugebenden Grundstücks nicht möglich ist, bei allen abgabepflichtigen Grundstücken einen **Sperrvermerk** eintragen lassen mit der Wirkung einer Vormerkung nach § 883 BGB. Diese Anträge stehen neben den nach dem noch gültigen RSG. von 1919 mit den Ausführungsbestimmungen zulässigen Eintragungsersuchen.

c) Ersuchen der **Bauerngerichte** bzw. des **Familienrats** nach der LGO., soweit durch ihre Entscheidungen und Beschlüsse keine Änderungen im Grundbuch erforderlich sind. Natürlich können diese Einträge auch von den Berechtigten selbst beantragt werden.

d) Ersuchen der **Genehmigungsbehörden** um Eintragung eines Widerspruchs bei eingetragenen nicht genehmigten Rechtsgeschäften (§ 11 DurchfV. z. KRG. 45, GVBl. 47 S. 46).

e) Die Fälle der Ersuchen der MR. um Eintragung der Eigentumsübertragung im Grundbuch nach dem MRG. 58 vom 29. 6. 1947, mit KRDir. Nr. 50 vom 29. 4. 1947 und AusfBest. der MR. vom 11. 6. 1947 in Beil. 1 z. GVBl. 1948 S. 1—9. Hier handelt es sich um Auflösung und Zurückführung nat.soz. Vermögens. Der Leiter der zivilen **Landdienststelle** ist bevollmächtigt, im Namen des Militärgouverneurs das Eigentum an Vermögenswerten, die der Direktive Nr. 50 unterliegen, zu übertragen. Die **Übertragungsbescheinigung** oder ein ordnungsmäßig notariell beglaubigter Auszug muß den gesetzlichen Erfordernissen, also den §§ 38 und 29, 3 GBO. entsprechen und muß die erforderlichen Eintragungen in das Grundbuch ermöglichen lassen. Erst mit der **Eintragung** im Grundbuch ist die Eigentumsübertragung vollzogen; vgl. auch oben zu § 20 GBO. Ziff. 13.

f) Ersuchen der **WGM.-Behörden** nach Art. 61, 4 des RErstG. vom 10. 11. 1947 (GVBl. S. 231) um Eintragung der Anmeldung des Rückerstattungsanspruchs im Grundbuch durch Eintragung eines entsprechenden Vermerks. Gleiches gilt von den Ersuchen dieser wie aller gerichtlichen Behörden im WGM.-Verfahren um Eintragung von Vormerkungen, Widersprüchen oder sonstiger Sicherungsmaßregeln, auch solcher auf Grund des Befreiungsgesetzes Art. 61.

g) Ersuchen der **Militärbehörden** um Eintragung von **Sperren** auf Grund MRG. 52. Im übrigen s. oben zu § 22 GBO. Ziff. 2 und 3.

h) Ersuchen der **Enteignungs-** bzw. **Umlegungsbehörden** (Gemeindevorstand, für kreisangehörige Gemeinden Kreisausschuß) nach dem Aufbauges. vom 25. 10. 1948 (GVBl. S. 139) um Eintragung einer Enteignungsvormerkung, demnächst Berichtigung des Grundbuches evtl. Löschung der Vormerkung (§§ 17, 4; 21; 23) und der Umlegungsbehörden um Eintragung des Umlegungsvermerks, Berichtigung bzw. Löschung (§§ 30, 36, 37) sowie bei Grenzausgleich (§ 40). Die Vermerke sollen den öffentlichen Glauben des Grundbuchs zerstören; einer Bewilligung des Eigentümers zu ihrer Eintragung bedarf es nicht (§ 17, 4).

i) Ersuchen des **Landrats** auf Grund des Dammbauges. vom 14. 7. 1887 (RegBl S. 105), des Bachges. vom 30. 7. 1887 (RegBl. S. 149) in der Fassung vom 30. 9. 1899 (RegBl. S. 758), besonders hinsichtlich der durch alluvio oder avulsio neugeschaffenen Eigentumsverhältnisse (Wolf S. 373).

Zu § 41 GBO. S. 87.

Einer Vorlegung der **Hypothekenbriefe** usw. bedarf es nicht beim Unschädlichkeitszeugnis (AGBGB. Art. 100), zu Löschungen im Enteignungsverfahren (Enteignungsges. vom 26. 7. 1884 in der Fassung des Art. 279 AGBGB.), zu Eintragungen, insbesondere Berichtigungen im Berggrundbuch (Bergges. vom 28. 1. 1876 (RegBl. S. 73 in der Fassung des Art. 283 AGBGB. s. Wolf S. 474).

Zu § 47 GBO. S. 97.

Da die §§ 82ff. der GBO. infolge des Kriegszustandes seit Jahren nicht mehr angewandt werden, sind oft noch viele Voreltern der gegenwärtigen Eigentümer eingetragen. Bei Vorlage der Erbscheine zur **Berichtigung** des Grundbuchs sind daher noch in vielen Fällen Feststellungen über das eheliche Güterrecht längst verstorbener Eheleute erforderlich. Ist die Ehe bereits vor dem 1. 1. 1900 aufgelöst, so hat die Überschreibung eines errungenschaftlichen Grundstücks auf den überlebenden Ehegatten und die Erben des Vorverstorbenen nach ideellen Bruchteilen zu erfolgen, die im Grundbuch anzugeben sind, und zwar bedarf es für jeden Erben der Angabe seines Bruchteils. Ist aber die Ehe nach dem 1. 1. 1900 aufgelöst, so ist das Gesamtgut nach §§ 1546 und 1442 BGB. Gesamtgut der beendigten Errungenschaftsgemeinschaft vor der Auseinandersetzung, und da mehrere Erben den Anteil des vorverstorbenen Ehegatten nach §§ 2033 und 2040 BGB. zur ungeteilten Gemeinschaft (nicht zu Bruchteilen) erwerben, ist ohne Rücksicht auf die Angaben des Erbscheins bei den Kindern als Eigentumserben zuzusetzen: „in Ansehung der Eigentumserben unter . . . auch Gesamtgut der Erbengemeinschaft." Ob der überlebende Ehegatte zu den Eigentumserben gehört, bestimmt sich nach Art. 191 Abs. 3 und 192 AGBGB. Im einzelnen vgl. A Nr. 7 und Best IV Grundbuchwesen Art. 170—193, besonders die Ausführungen zu Art. 191 bei Best ErgBd. S. 291 zu § 55 der AnGBO. vom 14. 1. 1900. Bei Auflösung der Ehe nach 1. 1. 1900 keine Eintragung des güterrechtlichen Nießbrauchs (A Nr. 25)

Zu § 49 GBO. S. 101.

Der **Leibgedingsvertrag,** auch Leibzucht, Altenteil, Altsitz oder **Auszug** genannt, der in der Regel Bestandteil eines Gutsübergabevertrags sein wird, ist in seinem schuldrechtlichen Teil eingehend geregelt in den Art. 38—63 des AGBGB. Er wird meist verschiedene dingliche Rechte umfassen (Wohnungsrecht, andere beschränkte persönliche Dienstbarkeiten und Reallasten), bei deren Eintragung auf die Eintragungsbewilligung Bezug genommen werden kann. Soweit sich aus der Eintragungsbewilligung nicht ein anderes ergibt, bestimmen sich Inhalt und Maß dieser Rechte nach den Art. 38—64, und wenn diese keine Bestimmungen enthalten, nach den Vorschriften des BGB. über Dienstbarkeiten und Reallasten. Tritt unter den im Gesetz vorgesehenen Voraussetzungen an Stelle einer Naturalleistung eine **Geldleistung,** so bildet diese den Gegenstand des eingetragenen Rechts. Zum Schutz gegen den öffentlichen Glauben des Grundbuchs muß sie aber im Grundbuch eingetragen sein. Ist dies nicht der Fall, hat der Berechtigte das Recht, einen Widerspruch nach § 899 evtl. eine Vormerkung nach § 883 BGB. zur Sicherung seines Anspruchs auf Änderung des Inhalts des Rechts eintragen zu lassen. In vielen Fällen wird für solche Geldrenten im Vertrag im voraus zweckmäßiger eine bestimmte Summe angeschlagen und als **Sicherungshypothek** im Grundbuch eingetragen. Dies ist besonders wichtig für das neue **Landgüterrecht.**

Zu § 53 GBO. S. 106.

Nach § 11 der DurchfVO. z. KRG. 45 (GVBl. 1947 S. 46) ist auf Ersuchen der genehmigenden Stelle ein **Widerspruch** im Grundbuch einzutragen, wenn auf Grund eines nicht genehmigten Rechtsgeschäfts eine Rechtsänderung eingetragen ist. Der Widerspruch ist zu löschen, wenn die ersuchende Stelle darum einkommt oder die Genehmigung erteilt ist. Da § 53, 1 GBO. aber unberührt bleiben soll, kann ein solcher Widerspruch auch vom Grundbuchamt selbst von Amts wegen eingetragen und gelöscht werden.

Zu § 54 GBO. S. 110.

Nicht eintragungsfähig sind folgende **öffentliche Lasten:**

a) Die Renten aus Notweg und Überbau schon nach Reichsrecht §§ 914, 2 und 916 BGB.

b) Das Bergwerkseigentum nach Art. 17—20 AGBGB.

c) Die öffentlichen Lasten nach Art. 11 AGGBO. im Sinne des § 10 Abs. 1 Nr. 3 und 7 und des § 156, 1 ZVG. sowie des Art. 1 AGZVG. Vgl. auch oben zu § 13 Ziff. 1 und Anlage Nr. 13 u. 47 (Lastenausgleich). Daher müssen die im Art. 2 AGZVG. aufgeführten Lasten, die nur im **Zwangsversteigerungsverfahren** den im Art. 1 AGZVG. erwähnten Lasten gleichgestellt sind, zur Erhaltung der Wirksamkeit gegenüber dem öffentlichen Glauben des Grundbuchs eingetragen werden. Sonst können sie in einem Verfahren gegen einen späteren Erwerber des Grundstücks nicht geltend gemacht werden, es sei denn, daß er die Rechte kannte (so auch Wolf S. 507). Die Eintragung der unter a bis c erwähnten Lasten ist zwecklos, weil weder die Wirkung der Last durch die Eintragung erhöht noch ihr Umfang begrenzt wird. Sie kann von dem Berechtigten daher auch nicht erzwungen werden. Außerdem haftet nach § 436 BGB. der Verkäufer, abgesehen von den öffentlichen Abgaben, nur für die Freiheit des Grundstücks von solchen öffentlichen Lasten nicht, die zur Eintragung ins Grundbuch nicht geeignet sind.

Zu § 55 GBO. S. 112.

Es empfiehlt sich im Interesse der Haftung der Notare und Grundbuchbeamten nicht, den oft üblichen Verzicht auf die Bekanntmachung in den Urkunden auszusprechen. Von **Landesbehörden** sind namentlich zu benachrichtigen: Katasterbehörden und Kulturämter, Berg- und Enteignungsbehörden, Fideikommißsenat in Kassel, kurz alle Behörden, die um eine Eintragung ersuchten oder an ihr ein besonderes Interesse haben, also auch die Militärbehörden bei Sperrvermerken usw. und die Wiedergutmachungsorgane nach dem Rückerstattungsgesetz. Im übrigen s. oben zu § 38 GBO. Besonders zu beachten sind die Mitteilungen an die **Steuerbehörden.** Alle Nachrichten an sie, namentlich die über Grunderwerb- und Zuwachssteuer, gehen an die zuständigen **Finanzämter.** Auf der Urschrift oder der beglaubigten Abschrift der Urkunde ist die Absendung zu bescheinigen (AV. vom 16. 4. 1943, DJ. S. 247). Die **Finanzämter** erhalten neuerdings außer den Mitteilungen über Hypothekenbestellungen und Abtretungen auch eine besondere Mitteilung auf vorgeschriebenem Formular über **Löschungen,** wenn es sich um Beträge von über 1000 DM oder um Renten von über 100 DM handelt (RdErl. JM. vom 21. 8. 1947. 1436 IIa 963); s. Anlage Nr. 18.

Nach der AV. vom 13. 7. 1943 (DJ. S. 369) soll mit der Mitteilung einer Hypothekbestellung oder Abtretung an den Gläubiger diesem anheimgegeben werden, die Hypothek bei dem **Feuerversicherungsunternehmen** (Brandversicherungsanstalt in Hessen) anzumelden, da der Gläubiger dann nach dem RG. vom 28. 12. 1942 (RGBl. I S. 740) erhöhten Schutz genießt. Dies gilt aber nicht für Hypothekenbanken, öffentlich-rechtliche Kreditinstitute oder Sparkassen.

Im übrigen vgl. die Darstellung von Spreckelsen DJ. 1939 S. 247.

Zu § 56 GBO. S. 114.

Hypothekenbriefe dürfen nach der V. vom 10. 11. 1947 (GVBl. S. 110) wieder erteilt werden. Die alten Vordrucke können benutzt werden, die Hoheitszeichen sind durch Überkleben oder Überdruck durch eine Druckerei unkenntlich zu machen (RdErl. JM. 3851 II 472 vom 28. 7. 1947).

Zu § 78 GBO. S. 137.

Eine weitere Beschwerde gegen den zweitinstanzlichen Beschluß des Landgerichts ist nach dem Rechtsmittelgesetz vom 7. 9. 1946 (GVBl. S. 174) Anlage Nr. 48 **nicht** zulässig, eine Änderung aber wohl mit der Zulassung der Berufung gegen Urteile des Landgerichts zu erwarten. Hat der **Rechtspfleger** entschieden, so ist gegen dessen Entscheidung zunächst **Erinnerung** oder eine **Beschwerde** zulässig, der er aber nicht abhelfen darf, über die vielmehr der **Grundbuchrichter** zu entscheiden hat. Hilft dieser nicht ab (§ 75 GBO.), so ist nur **Beschwerde** ans Landgericht zulässig, das **endgültig** entscheidet.

Zu § 117 GBO. S. 153.

Die Vorbehalte für das Landesrecht nach dem EGBGB., in denen also die Gesetzgebungsbefugnis nach wie vor von den betreffenden Ländern ausgeübt werden kann, beziehen sich in Hessen nur noch auf wenige Gebiete. Es seien hier hervorgehoben:

a) **Wasserrecht** nach dem G. vom 14. 7. 1887 (Rhein, Main, Neckar, Lahn), dem Dammbauges. vom 14. 6. 1887, Fassung Art. 281 AGBGB und dem Bachges. vom 30. 7. 87, Fassung Art. 282 AGBGB. und G. vom 16. 7. 1930 (RegBl. S. 169). Näheres bei Wolf §§ 123—142.
b) **Bergrecht** nach dem Bergges. vom 28. 1. 1876, Fassung 30. 9. 1899 gemäß Art. 283 AGBGB.
c) **Fischereirecht** nach dem Fischereiges. vom 27. 4. 1881, RegBl. S. 43 und Art. III der 1. AVO. vom 28. 8. 1947 (GVBl. S. 93) über die Sicherung der Bewirtschaftung der Fischereinutzung.
d) **Reallasten** nach dem Ges. über Umwandlung und Ablösung von Reallasten und Dienstbarkeiten vom 24. 7. 1899 (Best Bd. III S. 82).
e) **Erwerbsbeschränkungen** für juristische Personen und Ausländer nach dem Ges. vom 13. 8. 1948 (GVBl. S. 96) und über Sachen des Gemeingebrauchs nach Art. 17 AGBGB. (Anlage Nr. 4).
f) **Leibgedingsvertrag** nach Art. 37—66 AGBGB.
g) **Forstverwaltung** nach dem Ges. vom 16. 11. 1923 (RegBl. S. 491).
h) **Enteignung** nach dem Ges. vom 26. 7. 1884, Fassung vom 30. 9. 1899 nach Art. 279 AGBGB.

i) **Beschränkung** der Vereinigung, Teilung und Zusammenlegung von Grunstücken nach AGBGB. Art. 81, 94—96 nnd Ges. vom 27. 7. 1904, (RegBl. S. 307) (Anlage Nr. 5, 7—10).

k) **Unschädlichkeitszeugnis** nach Art. 97—101 AGBGB. (Anlage Nr. 11) und Art. 27 Abs. 6 und 7 des Ges. über die Brandversicherungsanstalt für Gebäude vom 28. 9. 1890 nach Art. 274 AGBGB.

l) **Baurecht** nach der Allgemeinen Bauordnung vom 30. 4. 1881 und AusfV. vom 1. 2. 1882 in der Fassung Art. 270 AGBGB. sowie Aufbaugesetz vom 25. 10. 1948 (GVBl. S. 139).

m) Die öffentlich-rechtlichen **Landeskulturgenossenschaften** nach dem Ges. vom 28. 9. 1887, Fassung nach Art. 272 AGBGB.

n) **Selbständige Gerechtigkeiten** (Erbpacht, Erbleihe, Landsiedelleihe, Lehen usw.), für die seit der Grundbuchanlegung nach Art. 154 AGBGB. die Vorschriften des BGB. gelten, soweit sie trotz der Ablösungsgesetze über Reallasten, Fideikommisse usw. (s. oben zu d) noch weiterbestehen. Vgl. auch oben zu § 3 GBO.

Zu § 123 GBO. S. 156.

Die hier in Aussicht genommene V. über **Wiederherstellung zerstörter** oder **abhandengekommener Grundbücher** und **Urkunden** erging am 26. 7. 1940 (RGBl. I S. 1048) und wurde geändert und ergänzt durch die V. vom 25. 3. 1948 (GVBl. S. 66). Darnach hat das Amtsgericht **von Amts wegen** die Rechtsverhältnisse nach dem gegenwärtigen Rechtszustand und nach freiem Ermessen wiederherzustellen ohne Rücksicht auf Veränderungen der Zwischenzeit. Gegenstandslose Eintragungen werden nicht übernommen, es sei denn, daß Rückerstattungsansprüche nach dem Ges. Nr. 59 in Betracht kommen oder entsprechende Anträge gestellt werden; dann müssen alle am 30. 1. 1933 vorhanden gewesenen Einträge übernommen werden. Statt des Auszugs aus Sachregister oder Kataster genügen auch unbeglaubigte Abschriften des Bestandsverzeichnisses und der Abt. I oder ein Auszug aus dem Ortsgrundbuch (oben § 1). Statt des natürlich noch zulässigen Aufgebots nach § 6 der 1. Verordnung genügt die öffentliche oder ortsübliche Bekanntmachung der Ankündigung der bevorstehenden Wiederherstellung auf der Grundlage des Ortsgrundbuchs. Die Einspruchsfrist von 6 Wochen bleibt. Bei Unklarheit oder Unübersichtlichkeit besonders der Rangverhältnisse ist Eintragung von Widersprüchen oder Vormerkung zulässig. Gebühren und Auslagen sind nur zu erheben, wenn zur Wiederherstellung neue Rechtsgeschäfte betätigt werden müssen. Ein Blatt gilt als wiederhergestellt, wenn dies auf seiner Aufschrift vermerkt ist. Beschwerden gegen die Wiederherstellung sind unzulässig; es kann aber Anweisung an das Grundbuchamt verlangt werden, einen Widerspruch einzutragen oder eine Löschung vorzunehmen (1. Verordnung § 14). Die Wirksamkeit der Eintragung erstreckt sich, wenn die Rechtsänderung erst bei der Wiederherstellung eingetragen war, auf den vom Grundbuchamt bestimmten Zeitpunkt. Dieser ist bei der Eintragung selbst zu vermerken (1. Verordnung § 15). Die Eintragung eines Versteigerungsvermerks kann im Fall des § 22 Abs. 2 GBO. erst nach Wiederherstellung erfolgen, Versteigerungstermin auch erst dann bestimmt werden. Im übrigen s. Anlage Nr. 2 und bezüglich Ersetzung zerstörter oder abhandengekommener gerichtlicher oder notarischer Urkunden auch die V. vom 18. 6. 1942 (RGBl. I S. 395); s. DJ. 1942 S. 417.

Anlagen zum Sonderanhang.
Land Hessen.

Inhaltsübersicht.

---

1. Muster des althessischen Grundbuchs von 1900.

Grundbuchblatt Nr. V/89.

Abgeltungsdarlehen auf Nr. 1, 2

		Bei der Anlegung des Grundbuchs eingetragen:	
1	a) Röder b) Röder	Martin, Schuhmachermeister Marie geb. Becker, dessen Ehefrau Gesamtgut der Errungenschaftsgemeinschaft. AA. 546. Ender Müller	
2	a) Kahn b) Kahn	23. Dezember 1920. Zufolge Auflassung: Max, Kaufmann Luise geb. Röder, dessen Ehefrau Gesamtgut der Errungenschaftsgemeinschaft. GrA. 18. Ender Müller	
$\frac{3}{2}$	a) Kahn b) Kahn c) Kahn	25. Februar 1921 Zufolge Erbfolge und Berichtigung: Luise geb. Röder, Witwe des Kaufmanns Max Kahn Joseph Selma Gesamtgut der beendigten Errungenschaftsgemeinschaft vor der Auseinandersetzung, in Ansehung der Eigentumserben unter b und c auch Gesamtgut der Erbengemeinschaft. GrA. 21. Weber Müller	
4	Schmidt	4. Oktober 1936. Zufolge Auflassung: Heinrich, Kaufmann GrA. 24. Weber Ganf	zu 1/2 s. Nr. 5
$\frac{5}{4}$	Schmidt	20. Oktober 1937. Zufolge Auflassung: Elisabeth geb. Möller, Ehefrau des Miteigentümers zu 4 zu 1/2. GrA. 26. Weber Ganf	

Die punktierten Linien unter den Eintragungen bedeuten rote Striche; das ganze Grundbuch ist eng liniiert.

Nr. V/89

Abteilung I

		Bei der Anlegung des Grundbuchs eingetragen:	
1	*Fl. II Nr. 893*	*Hofreite Nr. 8a. Kranichsteiner Straße 1319 qm*	
2	*Fl. II Nr. 894*	*Grabgarten daselbst 475 qm* *Nr. 1 u. 2. Kauf vom 2. Dezember 1903.* *AA. Ender Müller*	
		14. Mai 1908. Zufolge Auflassung:	
3	*Fl. II Nr. 895*	*Grabgarten Kranichsteiner Straße 2256 qm*	*3256 qm Bauland s. Nr. 5*
4	*Fl. II Nr. 896*	*Grasgarten daselbst 1248 qm* *GrA. 6. Ender Müller*	*248 qm s. Nr. 5*
$\frac{5}{3, 4}$		*6. Juni 1910. Zufolge Bestandsveränderung: 1000 qm von Nr. 4 lastenfrei der Nr. 3 als Bestandteil zugeschlagen. Nr. 3 hat 3256 qm und ist Bauland, Nr. 4 hat 248 qm.* *GrA. 7. Richter Möller*	
		1. Juli 1913. Zufolge Auflassung:	
6	*Fl. II Nr. 897*	*Grabgarten Kranichsteiner Straße 2500 qm* *GrA. 10. Hof König*	*Ersetzt s. Nr. 7, 8*
		30. September 1919. Zufolge Umlegung von Bauland ist Nr. 6 ersetzt durch	
$\frac{7}{6}$	*Fl. II Nr. 897 $\frac{1}{10}$*	*Bauplatz Kranichsteiner Straße 300 qm*	*Abgeschrieben s. Nr. 9*
$\frac{8}{6}$	*Fl. II Nr. 897 $\frac{5}{10}$*	*Bauplatz daselbst 2200 qm* *GrA. 15. Hof König*	
$\frac{9}{7}$		*20. Oktober 1920. Zufolge Umlegung von Bauland wird Nr. 7 abgeschrieben, ein Ersatzgrundstück ist nicht gebildet.* *GrA. 13 zu Bl. V/693.* *Hof König*	
		20. Oktober 1920. Zufolge Zuteilung bei der Umlegung von Bauland:	
10	*Fl. II Nr. 897 $\frac{3}{10}$*	*Bauplatz Kranichsteiner Straße 420 qm* *GrA. 13 zu Bl. V/693. GrA. 17.* *Hof König*	

Die **punktierten** Linien unter den Eintragungen bedeuten **rote** Striche.

Abteilung II Nr. V/89

		Bei der Anlegung des Grundbuchs eingetragen:	
1	*1*	*30. Septbr. 1905. Beschränkte persönliche Dienstbarkeit (Brandmauerbenutzung) nach Inhalt der Eintragungsbewilligung vom 21. Januar 1905 für die Firma Gebrüder Beck offene Handelsgesellschaft in Darmstadt und deren Rechtsnachfolgerin. GrA. 5. Richter Walter*	
2	*4*	*14. Mai 1908. Nießbrauch auf 10 Jahre für den Rentner Heinrich Bernhard in Darmstadt unter Bezug auf die Bewilligung vom 20. Februar 1908. Die Hypothek Abt. III Nr. 3 geht im Rang vor. GrA. 6. Ender Müller*	*Abt. III, 4 hat Vorrang Gelöscht s. Nr. 4a*
3	*6, 7*	*1. Juli 1913. Wegerecht zugunsten des Grundstücks Fl. II Nr. 899 in Bl. V/693 Nr. 4 nach Inhalt der Bewilligung vom 15. Mai 1913. GrA. 10. Richter Möller*	*Nunmehr Nr. 7 belastet, s. Nr. 5b*
4/2 *5/3*	*7*	*30. September 1919. a) Nießbrauch Nr. 2 erloschen. GA. 14.* *b) Wegerecht Nr. 3 belastet nunmehr Grundstück Nr. 7. GrA. 15.* *Hof König*	*b) Erloschen, s. Nr. 6*
6/3		*20. Oktober 1920. Zufolge Baulandumlegung ist das belastete Grundstück Nr. 7 abgeschrieben, das Wegerecht Nr. 3 daher erloschen. GrA. 13 zu Bl. V/693. Hof König*	
7	*1, 2, 3, 4, 8, 10*	*1. Dezember 1935. Vorgemerkt Anspruch des Kaufmanns Heinrich Schmidt in Langen auf Übertragung des Eigentums. GrA. 22. Richter Falter*	*Gelöscht s. Nr. 8*
8/7		*4. Oktober 1936. Die Vormerkung Nr. 7 wird gelöscht. GrA. 24. Richter Falter*	
9	*1, 2, 3, 4, 8, 10*	*5. Juli 1948. Rückerstattung angemeldet. Eingetragen auf Ersuchen des Zentralanmeldeamts Bad Nauheim vom 1. Juli 1948. GrA. 28. Richter Falter*	

Die punktierten Linien unter den Eintragungen bedeuten rote Striche.

		Bei der Anlegung des Grundbuchs eingetragen:		
1	1, 2	*Dreitausend Mark mit Zinsen zu 4 v. H. Sicherungshypothek mit Rang vom 2. Dezember 1903 für eine Restkaufgeldforderung des Kaufmanns Karl Klein in Pfungstadt. Mitbelastet sind die Grundstücke Flur I Nr. 3 und Fl. II Nr. 5 der Gemarkung Pfungstadt.* *H.B. 26/303. Ender Müller*	*3000,—* *1000,—** *2000,—*	*1000 M gelöscht s. 2a Abtretung. Umwandlung in Grundschuld s. 2b. Mitbelastung erloschen s. Nr. 5.* *Gelöscht s. Nr. 6* * (in rot zu schreiben)
2/1		*1. September 1904. a) Die Sicherungshypothek Nr. 1 wird im Teilbetrag von eintausend Mark gelöscht.*		
3/1		*b) Im Restbetrag von zweitausend Mark ist sie unter Umwandlung in eine Grundschuld mit den Zinsen seit 1. Juli 1904 abgetreten an die Städtische Sparkasse in Darmstadt. Die Bedingungen sind geändert. Im übrigen wird auf die Bewilligung vom 15. Juli 1904 Bezug genommen.* *GrA. 5. Ender Müller*		*Gelöscht s. Nr. 6*
4	3, 4	*14. Mai 1908. Viertausend Mark mit 5 v.H. Zinsen seit 1. April 1908 Sicherungshypothek für ein Darlehen des Kaufmanns Max Kahn in Frankfurt a. M., im übrigen nach Inhalt der Bewilligung vom 20. März 1908. Die Hypothek geht dem Nießbrauch Abteilung II, 2 im Rang vor.* *GrA. 6. Richter Möller*	*4000,—*	*Vorrang vor Abt. II, 2* *Gelöscht s. Nr. 6*
5/1, 3		*4. August 1915. Die Grundschuld Nr. 1 (3) wird an den mitbelasteten Grundstücken in Pfungstadt Bl. 36 Nr. 4 und Bl. 39 Nr. 3 gelöscht.* *GrA. 5 Bl. 36 von Pfungstadt. Richter Möller*		
6/1, 3, 4, 5		*23. Dezember 1920. Die Hypotheken Nr. 1 (3) und 4 werden gelöscht.* *GrA. 18, 19. Ender Müller*		

Die punktierten Linien unter den Eintragungen bedeuten rote Striche.

2. Verordnung zur Änderung und Ergänzung der Verordnung über die Wiederherstellung zerstörter oder abhandengekommener Grundbücher und Urkunden.

Vom 25. März 1948 (GVBl. S. 66).

Auf Grund des § 123 der GBO. in der Fassung der Bekanntmachung vom 5. August 1935 (RGBl. I S. 1073) verordnet das Staatsministerium folgendes:

§ 1. Ist der frühere Eintrag im Grundbuch unrichtig geworden, so sind bei der Wiederherstellung des Grundbuchs die Rechtsverhältnisse von Amts wegen in dem derzeitig bestehenden Umfang und, sofern dies ohne Anforderung zeitraubender Ermittelungen möglich ist, mit den derzeitigen Berechtigten einzutragen.

§ 2. Auf Grund von Auflassungen und sonstigen Eintragungsbewilligungen, die zwischenzeitlich erklärt worden sind, können bei der Wiederherstellung des Grundbuchs die durch sie erstrebten Änderungen der Rechtsverhältnisse ohne Eintragung des bisherigen Rechtszustandes eingetragen werden.

§ 3. Bisher eingetragen gewesene Rechte, deren Wiedereintragung unterbleibt, gelten als gelöscht, wenn für sie Löschungsbewilligungen erteilt sind oder wenn ihre Eintragung gegenstandslos geworden ist.

§ 4. Sämtliche Eintragungen, die das zerstörte oder abhandengekommene Grundbuch enthalten hat, und die am 30. Januar 1933 nicht schon ihre Bedeutung verloren hatten, sind bei der Wiederherstellung des Grundbuchs zu übernehmen, wenn dem Gericht bekannt ist, daß hinsichtlich des Grundstückes oder eines Rechts an dem Grundstück Ansprüche auf Grund des MRG. Nr. 59 (Rückerstattungsgesetz) in Betracht kommen oder wenn dies im Hinblick auf das genannte Gesetz beantragt wird.

§ 5. Von der Einholung eines Auszugs gemäß § 4 der Anordnung über die Wiederherstellung zerstörter oder abhandengekommener Grundbücher und Urkunden vom 26. Juli 1940 (RGBl. I S. 1048) kann abgesehen werden, wenn der Inhalt des Bestandsverzeichnisses und der Abteilung I in sonstiger Weise ausreichend nachgewiesen wird.

§ 6. Die Anhörung der im § 5 Abs. 1 und 2 der Verordnung über die Wiederherstellung zerstörter oder abhandengekommener Grundbücher und Urkunden vom 26. Juli 1940 genannten Personen steht im Ermessen des Grundbuchamts.

§ 7. (1) Als Aufgebot genügt die Ankündigung der bevorstehenden Wiederherstellung des Grundbuchs durch öffentliche oder ortsübliche Bekanntmachung. Hierbei ist darauf hinzuweisen, daß die Grundstücke mit der Beschreibung und Größenangabe, die sie im Ortsgrundbuch haben, und die Eigentümer, die in diesem als solche eingetragen sind, bei der Wiederherstellung des Grundbuchs aufgenommen werden, soweit nicht Abweichungen hiervon ausdrücklich angegeben sind. Diese sind gemeinsam mit dem Ortsgrundbuch zur Einsicht offenzulegen.

(2) Das Aufgebot soll auch die Aufforderung an die Personen, die Rechte an den Grundstücken haben, enthalten, Eintragungen, die in dem zerstörten oder abhandengekommenen Grundbuch für sie oder ihre Rechtsvorgänger bestanden haben, innerhalb einer Frist von 6 Wochen anzumelden und glaubhaft zu machen, widrigenfalls sie Gefahr laufen, bei der Wiederherstellung des Grundbuchs nicht berücksichtigt zu werden.

(3) Ein Aufgebot nach Abs. 1 ersetzt zugleich die nach § 9 der Verordnung vom 26. Juli 1940 vorgeschriebene Bekanntmachung.

§ 8. Bestehen bei der Wiederherstellung des Grundbuchs Unklarheiten über ein Recht oder Bedenken gegen seine vorbehaltlose Aufnahme in das Grundbuch, so kann eine Vormerkung oder ein Widerspruch eingetragen werden. Entsprechendes gilt bei Unklarheiten oder Unübersichtlichkeiten in den Rangverhältnissen.

§ 9. Gebühren und Auslagen sind zu erheben, soweit im Zusammenhang mit der Wiederherstellung des Grundbuchs Geschäfte vorgenommen worden sind, die eine Kostenpflicht begründen. Sie sind auch dann zu entrichten, wenn auf Grund dieser Verordnung die Wiedereintragung bisher eingetragen gewesener Rechte unterbleibt.

§ 10. Ein Grundbuchblatt gilt als wiederhergestellt, sobald das Grundbuchamt die zum Zwecke der Wiederherstellung erforderlichen Eintragungen im Grundbuch vollzogen hat und die Wiederherstellung auf der Aufschrift des Grundbuchblattes vermerkt ist.

§ 11. Die Verordnung tritt mit der Verkündung in Kraft.

Aus dem RdE. JM. 3852 — 1031/93 vom 16. Juni 1948:

... Zur Klarstellung weise ich darauf hin, daß die erwähnte Kenntnis für das Gericht dann besteht, wenn in dem Grundbuch ein Sperrvermerk gemäß § 6 (b) der AVO. 1 zum MFG. Nr. 2 eingetragen ist und angenommen werden muß, daß es sich um eine Vermögenssperre nach Art. I § 2 des MRG. Nr. 52 handelt.

3. Gesetz über Erwerbsbeschränkungen für juristische Personen und Ausländer.

Vom 13. August 1948 (GVBl. S. 96).

Abschnitt I.

Schenkungen oder Zuwendungen von Todes wegen an juristische Personen.

§ 1. (1) Schenkungen oder Zuwendungen von Todes wegen an juristische Personen, die in Hessen ihren Sitz haben, bedürfen zu ihrer Wirksamkeit ihrem vollen Umfang nach der Genehmigung, wenn sie Gegenstände von mehr als 5000 DM betreffen. Wiederkehrende Leistungen werden mit vier vom Hundert zum Kapital gerechnet.

(2) Die Genehmigung kann auf einen Teil der Schenkung oder der Zuwendung von Todes wegen beschränkt werden.

§ 2. Die Genehmigung erteilt der Minister des Innern; soweit es sich um Grundstücke handelt, im Einvernehmen mit dem Minister der Justiz.

§ 3. Die Genehmigung ist nicht erforderlich bei Schenkungen oder Zuwendungen von Todes wegen an

1. juristische Personen des öffentlichen Rechts, die in Deutschland ihren Sitz haben,
2. Wohlfahrtsorganisationen, die als juristische Personen in Deutschland ihren Sitz haben,
3. kirchliche Kongregationen, die als juristische Personen in Deutschland ihren Sitz haben.

§ 4. Mit Geldstrafe wird bestraft, wer als gesetzlicher Vertreter für eine juristische Person eine genehmigungspflichtige Schenkung oder Zuwendung von Todes wegen, soweit es sich um bewegliche Sachen oder Rechte handelt, in Empfang nimmt und nicht innerhalb eines Monats die Genehmigung beantragt.

Abschnitt II.

Grundstückserwerb durch juristische Personen.

§ 5. Juristische Personen bedürfen zum Erwerb von in Hessen gelegenen Grundstücken der Genehmigung; juristische Personen, die in Deutschland ihren Sitz haben, jedoch nur dann, wenn es sich um ein Grundstück im Werte von mehr als 5000 DM handelt.

§ 6. Die Genehmigung erteilt der Minister der Justiz.

§ 7. Die Genehmigung ist nicht erforderlich:

1. in den Fällen, in denen eine Genehmigung nach § 1 erteilt worden ist,
2. bei dem Grundstückserwerb durch juristische Personen des öffentlichen Rechts, die in Deutschland ihren Sitz haben,

3. bei dem Grundstückserwerb durch Aktiengesellschaften, Kommanditgesellschaften auf Aktien, Gesellschaften mit beschränkter Haftung, Genossenschaften und bergrechtliche Gewerkschaften, die in Deutschland ihren Sitz haben,
4. bei Wohlfahrtsorganisationen, die als juristische Personen in Deutschland ihren Sitz haben,
5. bei kirchlichen Kongregationen, die als juristische Personen in Deutschland ihren Sitz haben.

Abschnitt III.

Grundstückserwerb durch Ausländer.

§ 8. (1) Der Erwerb von in Hessen gelegenen Grundstücken durch natürliche Personen ausländischer Staatsangehörigkeit und durch Staatenlose bedarf keiner Genehmigung; eine solche ist nur dann erforderlich, wenn Deutsche in dem Heimatstaat des Ausländers bei dem Erwerb von Grundstücken Erwerbsbeschränkungen unterworfen sind.

(2) Für die früheren preußischen Gebietsteile bleibt die Bestimmung des Artikels 276 (d) des Versailler Vertrags vom 28. Juni 1919 — RGBl. S. 687 (1086) — unberührt.

§ 9. Die Genehmigung erteilt der Minister der Justiz.

Abschnitt IV.

Gemeinsame Vorschriften.

§ 10. Die Vorschrift des § 184 BGB. findet entsprechende Anwendung.

§ 11. (1) Ist im Grundbuch auf Grund eines nicht genehmigten Rechtsgeschäfts eine Rechtsänderung eingetragen, so kann die Genehmigungsbehörde, falls nach ihrem Ermessen die Genehmigung erforderlich ist, das Grundbuchamt um die Eintragung des Widerspruchs ersuchen. § 53 Absatz 1 der Grundbuchordnung bleibt unberührt.

(2) Ein nach Absatz 1 Satz 1 eingetragener Widerspruch ist zu löschen, wenn die Genehmigungsbehörde darum nachsucht oder wenn die Genehmigung erteilt worden ist.

§ 12. Der Minister der Justiz und der Minister des Innern können die ihnen auf Grund dieses Gesetzes zustehenden Befugnisse auf andere Behörden übertragen.

Abschnitt V.

Schlußbestimmungen.

§ 13. Aufgehoben werden:

1. die Artikel 6 und 7 des Preußischen Ausführungsgesetzes zum BGB. vom 20. September 1899 (PrGSamml. S. 177),
2. das Dritte Preußische Gesetz über die Erhöhung der landesrechtlich festgesetzten Geldbeträge vom 8. April 1924 (PrGSamml. S. 201),
3. das Preußische Gesetz zur Änderung des Ausführungsgesetzes zum BGB. vom 17. Mai 1934 (PrGSamml. S. 301),
4. die Artikel 12—15 des Hessischen Gesetzes, die Ausführung des BGB. betreffend, vom 17. Juli 1899 (RegBl. S. 133),
5. die Hessische Verordnung, den Grundstückserwerb durch juristische Personen betreffend, vom 14. Mai 1920 (RegBl. S. 91, 120),
6. das Gesetz zur Änderung des Hessischen Ausführungsgesetzes zum BGB. vom 10. August 1922 (RegBl. S. 240),
7. das Gesetz zur Abänderung des Hessischen Ausführungsgesetzes zum BGB. vom 28. November 1923 (RegBl. S. 514),
8. die Verordnung zur Ausführung des Artikel 12 Absatz 2 des Hessischen Ausführungsgesetzes zum BGB. vom 15. Dezember 1923, 23. März und 9. August 1924 (RegBl. S. 513, 182, 298),

9. der § 2 der Verordnung über die Zuständigkeit für die Genehmigung des Erwerbs von Grundstücken durch Ausländer und juristische Personen in Hessen vom 31. August 1938 (RGBl. I S. 1141).

§ 14. Soweit vor Inkrafttreten des Gesetzes eine Genehmigung von einem nach den früheren Vorschriften unzuständigen, nach dem § 2 erster Satzteil sowie den §§ 6 und 9 aber zuständigen Minister erteilt worden ist, ist diese wirksam.

4. Hessisches Ausführungsgesetz zum BGB.

Art. 17. Rechte an Sachen, die zum gemeinen oder öffentlichen Gebrauch bestimmt sind.

(1) Sachen, die zum gemeinen oder öffentlichen Gebrauch bestimmt sind, wie öffentliche Wege, Straßen, Brücken, Plätze, Brunnen, Flüsse, Schiffahrtskanäle, Häfen, Kirchen, Friedhöfe, können, solange diese Bestimmung dauert, nur insoweit veräußert, ersessen oder mit einem Recht belastet werden, als ihre Bestimmung es zuläßt.

(2) Die neben dem BGB. in Kraft bleibenden landesgesetzlichen Vorschriften, welche den Erwerb oder die Belastung der im Abs. 1 bezeichneten Sachen ausschließen, beschränken oder im weiteren Umfang gestatten, werden durch die Vorschriften des Abs. 1 nicht berührt.

5. Beschränkung der Vereinigung und Zusammenlegung von Grundstücken.

Art. 81. Die Vereinigung mehrerer Grundstücke und die Zuschreibung eines Grundstücks zu einem anderen Grundstück (§ 890 Abs. 1 und 2 BGB.) ist nur zulässig, wenn die Grundstücke in demselben Grundbuchbezirk liegen, in Ansehung der Veräußerung und Vererbung gleichen Vorschriften unterliegen und sämtlich nicht oder nur mit denselben Rechten belastet sind; eine Vereinigung und Zuschreibung von Grundstücken und Bergwerkseigentum ist ausgeschlossen. Einer Belastung mit denselben Rechten steht es gleich, wenn auf Grund des Gesetzes oder einer Einigung der Beteiligten die Rechte, mit denen ein Grundstück belastet ist, auf die anderen Grundstücke dergestalt erstreckt werden, daß jede Belastung für alle Grundstücke den gleichen Rang erhält.

Als ein die Vereinigung oder die Zuschreibung nach Maßgabe des Abs. 1 hinderndes Recht ist eine Dienstbarkeit oder eine Reallast nicht anzusehen, wenn mit ihr ein Grundstücksteil nach § 6 der GBO. ohne vorherige Abschreibung belastet werden könnte.

Die Vorschriften der Abs. 1 und 2 finden auch Anwendung, wenn mehrere Grundstücke in der Weise vereinigt werden sollen, daß sie künftig nur unter einer Nummer im Grundbuch und im Immobiliarkataster aufzuführen sind.

6. Unzulässige Belastungen von Grundstücken.

Art. 93. Ein Grundstück kann mit Rechten, deren Ablösung durch Landesgesetz zugelassen ist, nicht belastet werden.

Reallasten dürfen auf eine längere Zeit als auf die Lebenszeit des Berechtigten nicht bestellt werden. Ist der Berechtigte der jeweilige Eigentümer eines Grundstückes oder ist er eine juristische Person, so kann die Reallast auf eine längere Zeit als auf 30 Jahre nicht bestellt werden.

Rein persönliche Dienstleistungen können den Gegenstand einer Reallast nur bilden, wenn sie in einem mit der Überlassung eines Grundstückes in Verbindung stehenden Leibgedings-, Leibzuchts-, Altenteils- oder Auszugsvertrags bedungen werden.

Die Begründung von Erbpachtverhältnissen oder anderen erblichen Leihen ist nicht gestattet.

7. Beschränkungen der Grundstücksteilung.

Art. 94. Eine Teilung von Grundstücken ist nur insoweit zulässig, als dadurch keine selbständigen Trennstücke unter 10 Ar Acker- oder 6 Ar Wiesengelände gebildet werden.

Auf Weinberge, Gartengelände, Obstbaumstücke und Kraut- und Gemüseländer sowie bei Abtretungen zu öffentlichen Zwecken oder zu Hofreiten findet diese Bestimmung keine Anwendung.

In Gemarkungen, in denen eine Feldbereinigung bereits stattgefunden hat, ist die Teilung eines Grundstücks nur unter der weiteren Voraussetzung zulässig, daß jedes neue Grundstück, soweit als es zu seiner Bewirtschaftung erforderlich ist, zugänglich ist, und daß die Teilungslinien zueinander gleichlaufen sowie bei Ackergrundstücken, die keine Gewannlage für sich bilden, außerdem zu denjenigen Längsseiten gleichlaufen, die an Kulturland angrenzen (Zusatz laut Ges. vom 22. 11. 1923, Art. IV, RegBl. S. 417).

Art. 95. (Abs. 1 ist aufgehoben; GrVerkBek. vom 26. 1. 1937 § 11, 1.)

(2) Bei der Teilung dürfen selbständige Waldgrundstücke unter 50 Ar nicht gebildet werden.

(3) Gegen einen die Genehmigung versagenden Beschluß der Bezirksforstverwaltung findet die Beschwerde an das Ministerium der Finanzen statt.

Dazu:

8. Gesetz die Teilung von Grundstücken betreffend.

Vom 23. Mai 1914 (RegBl. S. 235).

Von den Teilungsverboten des Art. 94 und des Art. 95 Abs. 2 kann Befreiung bewilligt werden. Zuständig für die Bewilligung ist in Ansehung des Teilungsverbots des Art. 94 das Ministerium des Innern und in Ansehung des Teilungsverbots des Art. 95 Abs. 2 das Ministerium der Finanzen. Wird die Befreiung nachträglich bewilligt, so ist die Teilung von Anfang an als gültig anzusehen.

9. Gesetz die Teilung belasteter Grundstücke betreffend.

Vom 27. Juli 1904 (RegBl. S. 307).

Art. 1. Ein Grundstück, das mit einer Tilgungsrente oder mit einer anderen ständigen Geld- oder Naturalgrundrente belastet ist, kann ohne die Zustimmung des Berechtigten nur geteilt werden, wenn der Eigentümer die Rente ablöst oder ein Unschädlichkeitszeugnis nach dem Art. 97 Nr. 1 und 3 AGBGB. beibringt.

Art. 2. Auf eine Ablösung, die zu dem Zwecke der Teilung des belasteten Grundstücks vorgenommen wird, finden die Vorschriften des Art. 2 Abs. 1, der Art. 15, 16 und des Art. 17 Abs. 1, 2, 4 des Gesetzes die Umwandlung und Ablösung von Reallasten und Dienstbarkeiten betreffend, vom 24. Juli 1899 keine Anwendung.

Art. 3. Die Erteilung eines Unschädlichkeitszeugnisses zu dem im Art. 1 bezeichneten Zwecke ist zulässig, auch wenn die im Art. 98 Nr. 1 des AGBGB. geforderte Voraussetzung nicht vorliegt.

Art. 4. . . . . . .

10. Ausführungsgesetz zum Bürgerlichen Gesetzbuch.

Art. 96. Die Teilung eines Gebäudes unter verschiedene Eigentümer ist nur zulässig, wenn gleichzeitig eine entsprechende Teilung des Grund und Bodens stattfindet. Im übrigen ist zu einer solchen Teilung die Genehmigung der Polizeiverwaltungsbehörde erforderlich. Die Genehmigung darf, unbeschadet der Vorschriften des Art. 72 der allgemeinen Bauordnung vom 30. April 1881 nur erteilt werden, wenn das Gebäude durch eine Scheidewand (Art. 47 der allgemeinen Bauordnung) getrennt wird, und jeder Teil besondere Feuerungsanlagen erhält.

11. Unschädlichkeitszeugnis.

Art. 97. Es kann

1. ein Teil eines Grundstücks frei von den Belastungen des Grundstücks veräußert,
2. ein dem jeweiligen Eigentümer eines Grundstücks an einem anderen Grundstücke zustehendes Recht ohne die Zustimmung desjenigen, zu dessen Gunsten das Grundstück des Berechtigten belastet ist, aufgehoben,
3. im Falle der Teilung eines mit einer Reallast belasteten Grundstücks ohne Zustimmung des Berechtigten die Reallast auf die einzelnen Teile des Grundstücks verteilt werden, sofern von dem Amtsgericht der belegenen Sache festgestellt wird, daß die Rechtsänderung für den Berechtigten unschädlich ist (Unschädlichkeitszeugnis).

Art. 98. Ein Unschädlichkeitszeugnis soll nur auf Antrag und nur dann erteilt werden, wenn:

1. in dem Falle des Art. 97 Nr. 1 das Trennstück im Verhältnis zu dem Hauptgrundstücke von geringem Wert und Umfang ist;
2. in dem Falle des Art. 97 Nr. 2 für den Berechtigten wegen der verhältnismäßigen Geringfügigkeit seines oder des aufzuhebenden Rechts ein Nachteil nicht zu besorgen ist;
3. in dem Falle des Art. 97 Nr. 3 durch die Verteilung die Sicherheit des Berechtigten nicht beeinträchtigt wird.

Die Erteilung des Zeugnisses kann an Bedingungen geknüpft werden. Vor der Erteilung des Zeugnisses soll der Berechtigte gehört werden, wenn es ohne erhebliche Verzögerung und ohne unverhältnismäßige Kosten geschehen kann.

Art. 99. Gegen die Verfügungen, die das Amtsgericht auf Grund der Art. 97, 98 erläßt, findet die sofortige Beschwerde statt. Gegen die Entscheidung des Beschwerdegerichts ist die sofortige weitere Beschwerde gegeben, wenn die Entscheidung auf einer Verletzung des Gesetzes beruht (Anm.: zur Zeit nicht; vgl. Rechtsmittelgesetz in Nr. 48).

Art. 100. Das Unschädlichkeitszeugnis ersetzt die Bewilligung des Berechtigten. Ist über eine Hypothek, eine Grund- oder Rentenschuld ein Brief erteilt oder ist eine Hypothek für die Forderung aus einer Schuldverschreibung auf den Inhaber, einem Wechsel oder einem anderen Papier, das durch Indossament übertragen werden kann, bestellt, so ist zu einer Löschung, die nach Art. 97, 1 erfolgen soll, die Vorlegung des Briefes oder der Urkunde nicht erforderlich.

Das Erlöschen des Rechts auf dem Trennstück ist auf dem Brief zu vermerken. Ist der Brief nicht vorgelegt, so hat zu diesem Zweck das Grundbuchamt den Besitzer des Briefes zur nachträglichen Vorlegung anzuhalten.

Art. 101. Die Vorschriften der Art. 97 bis 100 finden auf öffentliche Lasten keine Anwendung (Anm.: wie Grundsteuern, Entschuldungsrenten, vgl. OLGPr. 8050a vom 8. 5. 1941).

12. Anlegung von Mündelgeld.

Art. 124. Eine Hypothek, Grund- oder Rentenschuld, mit welcher ein im Land Hessen belegenes Grundstück belastet ist, kann nur dann als sicher bezeichnet werden, wenn sie die Hälfte des Wertes des Grundstücks nicht übersteigt. Maßgebend ist der Verkaufswert des Grundstücks. Die Grundsätze, nach welchen der Verkaufswert eines Grundstücks festzustellen ist, können durch das Ministerium der Justiz bestimmt werden (bisher nicht geschehen).

13. Ausführungsgesetz zum Zwangsversteigerungsgesetz.

Vom 22. Juli 1899.

Art. 1. Öffentliche Lasten eines Grundstücks im Sinne des § 10, 1 Nr. 3 und des § 156, 1 des ZVG. sind:

1. die Grundsteuer und die dem Grundsteuerkapital zur Last fallenden Beträge an Kriegskosten, Provinzial-, Kreis-, Gemeinde- und Kirchspielumlagen;
2. die Beiträge zur Brandversicherungsanstalt;
3. die Beiträge, welche nach dem Bachgesetz vom 30. Juli 1887, nach dem Gesetz über die Landeskulturgenossenschaften vom 28. September 1887 oder nach anderen Gesetzen auf den Grundstücken haften und auf Grund eines nicht privatrechtlichen Titels an öffentliche Verbände zu entrichten sind.

Die im Abs. 1 unter Nr. 2 bezeichneten Beiträge belasten auch die zu dem versicherten Gebäude gehörende Hofreite.

Art. 2. In Ansehung des Rechts auf Befriedigung aus dem Grundstück stehen den öffentlichen Lasten gleich:

1. die Kostenbeiträge, Entschädigungen und Herauszahlungen, für welche nach dem Art. 37 Abs. 6 des Feldbereinigungsgesetzes vom 28. September 1887 das Grundstück haftet;
2. die an die Staatskasse zu entrichtenden Tilgungsrenten für abgelöste Grundlasten;
3. die Grundrenten, welche für verwandelte Zehnten oder für abgelöste Grundlasten an den Entschädigungsberechtigten zu entrichten sind;
4. die Abgaben und sonstigen Leistungen, welche auf Grund einer Erbpacht, einer Erbleihe, einer Landsiedelleihe oder einer sonstigen erblichen Leihe an den Berechtigten (Obereigentümer) zu entrichten sind.

14. Ausschreiben des Ministeriums der Finanzen, betreffend Katasterfortschreibungsgebühren und Gebühren für die Fortführung der Ortsgrundbücher und der Grundbuchkarten.

(Abt. VI-KV. 1 — 1201-57-47 vom 4. 11. 1947 und Min. d. Just. 5641-Ia-3068 vom 16. 4. 1946.)

1. Die Katasterfortschreibungsgebühren gemäß Gesetz vom 10. Januar 1946 Art. 88, 89, 99 (GVBl. S. 88) werden im Staatsgebiet des ganzen Landes Hessen erhoben. Sie sind das Entgelt für die katasteramtliche Fortschreibung der Liegenschaften und Gebäude, in deren Eigentumsverhältnissen ein Wechsel eintritt. Dabei ist es gleichgültig, ob die Bücher des amtlichen Liegenschaftskatasters in Einrichtung und Form des neuen Reichskatasters oder des Liegenschaftskatasters alter Art geführt werden. Die Festsetzung der Gebühren erfolgt ausschließlich durch die Justizbehörde (RdErl. d. MdJ. vom 16. 4. 1946-5641-I. 36).

2. Neben den Katasterfortschreibungsgebühren gemäß Gesetz vom 10. Januar 1946 sind im Gebiet des ehemaligen Volksstaats Hessen nach der Verordnung vom 4. April 1944 (RegBl. S. 22) die Gebühren für die Fortführung der Ortsgrundbücher und der Grundbuchkarten der Gemeinden zu erheben, und zwar nur in den Bezirken, in denen das Reichskataster noch nicht eingeführt ist. Die Festsetzung und Erhebung dieser Gebühren veranlassen nach Maßgabe der genannten Verordnung teils die Justizbehörden, teils die Katasterämter.

Mit dem Zeitpunkt, zu dem in einem Bezirk gemäß der Verordnung vom 23. Januar 1940 (RGBl I S. 240) das Reichskataster als amtliches Verzeichnis der Grundstücke im Sinn des § 2, 2 GBO. an die Stelle der bisherigen amtlichen Verzeichnisse tritt, entfällt die amtliche Fortführung der Ortsgrundbücher und Grundbuchkarten der Gemeinden und damit auch die Erhebung der Gebühren nach der Verordnung vom 4. April 1944. Dieser Zeitpunkt wird künftig im Staatsanzeiger für das Land Hessen veröffentlicht werden.

3. Beantragt eine Gemeinde, in deren Bezirk das Reichskataster eingeführt ist, beim Katasteramt die Fortführung und Berichtigungsarbeiten in den alten Ortsgrundbüchern oder Grundbuchkarten, so sind für diese Arbeiten Gebühren nach Maßgabe der Gebührenordnung der Katasterverwaltung vom

23. April 1946 zu berechnen. Ebenso ist zu verfahren, wenn für eine Gemeinde Abschriften oder Abzeichnungen des Reichskatasters auf dem laufenden gehalten werden sollen.

15. Gesetz, die Ausführung des Gesetzes über die Angelegenheiten der freiwilligen Gerichtsbarkeit betreffend.

Vom 18. Juli 1899.

Art. 65. Für die öffentliche Beglaubigung einer Unterschrift sind neben den Amtsgerichten und den Notaren die Gerichtsschreiber (jetzt Urkundsbeamten der Geschäftsstelle) und die Ortsgerichtsvorsteher zuständig.

Art. 135. Das Ortsgericht hat auf Antrag eines Beteiligten oder auf Ersuchen einer Behörde ein Grundstück, das in seinem Bezirk liegt, zu schätzen.

Die Vorschrift des Abs. 1 findet auf die Feststellung des Werts von Nutzungen eines Grundstücks und des Werts von Rechten an einem Grundstücke entsprechende Anwendung.

Sofern dem Ortsgericht keine bauverständigen Mitglieder angehören, kann das Ortsgericht zu der Schätzung von Gebäuden zwei Bauverständige zuziehen, die von dem Amtsgericht für den betreffenden Fall oder im voraus ür etwa vorkommende Fälle zu verpflichten sind.

16. Dienstanweisung für die Ortsgerichte.

Vom 24. November 1899 (Fassung vom 22. 11. 1922).

§ 1. Die Obliegenheiten, welche durch das AGFGG. und das AusfG. z. BGB., den Ortsgerichten übertragen sind, werden nach Maßgabe der §§ 2, 3 zum Teile von dem Vorsteher allein, zum Teile von dem gesamten Ortsgerichte wahrgenommen.

Obliegenheiten des Vorstehers.

§ 2. Von dem Vorsteher des Ortsgerichts allein sind die nachstehenden Geschäfte wahrzunehmen:

1. die öffentliche Beglaubigung einer Unterschrift (Art. 65 AGGFG. DA. §§ 53ff.);
2. die öffentliche Beglaubigung der Abschrift einer von dem Ortsgericht errichteten, ausgefertigten oder bei den Akten des Ortsgerichts verwahrten Urkunde (Art. 67 AGGFG. § 58 DA.);

16. Vorarbeiten zu Grundstücksveräußerungen (DA. § 146a);
17. Erteilung einer Auskunft oder Zeugnis über persönliche Verhältnisse oder über Besitzverhältnisse;
18. in den Provinzen Starkenburg und Oberhessen die Aufbewahrung der bisherigen Grund- und Hypothekenbücher sowie der Grundbuchkarten (DA. § 147).

§ 3. Dem gesamten Ortsgerichte liegt die Wahrnehmung folgender Geschäfte ob:

1. die Schätzung von Grundstücken sowie die Feststellung des Wertes der Nutzungen von Grundstücken und des Wertes der Rechte an Grundstücken auf Antrag eines Beteiligten oder auf Ersuchen einer Behörde, sofern die Grundstücke im Bezirk des Ortsgerichts gelegen sind (Art. 135 AGGFG. DA. §§ 148ff.);
2. . . . . . .
3. die Abgabe von Gutachten, die Erteilung von Auskunft oder Zeugnissen über persönliche Verhältnisse und über Besitzverhältnisse auf Verlangen eines Gerichts oder auf Ersuchen eines Notars in Angelegenheiten der freiwilligen Gerichtsbarkeit geforderten Beihilfe.

17. Durchführung der §§ 67, 69 der Grundbuchverfügung in Hessen.

AV. d. RJM. vom 2. März 1936, IVb 3550 (DJ. S. 357).

Auf Grund der §§ 67 Abs. 2, 69 der Grundbuchverfügung vom 8. August 1935 (RGBl. S.637) ordne ich für den Bezirk des Oberlandesgerichts Darmstadt folgendes an:

I.

Die nach Anlage I zu § 6 der Anordnungen des Großherzoglich Hessischen Ministeriums der Justiz vom 14. Januar 1900 geführten Grundbuchblätter sind umzuschreiben.

II.

Auf die Umschreibung sind die §§ 29, 30, 32, 39 Abs. 3 der Grundbuchverfügung mit folgenden Maßgaben entsprechend anzuwenden:

1. An die Stelle des § 30 Abs. 1c tritt folgende Vorschrift:

Aus dem Titel und den drei Abteilungen ist nur der gegenwärtig noch gültige Bestand an Eintragungen unter neuen fortlaufenden Nummern zu übernehmen. Gelöschte Eintragungen werden nur insoweit übernommen, als dies zum Verständnis der noch gültigen Eintragungen erforderlich ist, und zwar in der dem neuen Vordruck angepaßten äußeren Form.

2. Der § 30 Abs. 1g wird durch folgenden Zusatz ergänzt:

Ist ein Recht bei Anlegung des Grundbuchs ohne Angabe des Tages eingetragen, so ist zu vermerken, daß das Recht bei Anlegung eingetragen ist.

3. Das alte Grundbuchblatt ist unter entsprechender Anwendung des § 24 Abs. 2 der Anordnungen des Hessischen Ministeriums der Justiz vom 14. Januar 1900 zu schließen.

III.

1. Jedes Grundstück, das im Grundbuch eine Einheit im Rechtssinne (§ 890 BGB.) bildet, ist im Bestandsverzeichnis unter einer laufenden Nummer einzutragen. Die wirtschaftliche Einheit ist nicht maßgebend.

2. Ist das einheitliche Grundstück durch Vereinigung oder Zuschreibung vorher selbständiger belasteter Grundstücke entstanden, so sind diese Grundstücke zunächst in das neue Bestandsverzeichnis unter besonderen Nummern einzutragen. Sodann ist das daraus gebildete neue Grundstück einzutragen und im übrigen nach § 13 Abs. 1 der Grundbuchverfügung zu verfahren.

3. Zur Bezeichnung der Grundstücke im Bestandsverzeichnis bedarf es der Ausfüllung der Unterspalten c und d der Spalte 3 (Steuerbücher) nur dann, wenn diese Angaben sich aus dem maßgebenden amtlichen Verzeichnis (§ 2 Abs. 2 GBO.) entnehmen lassen. Die Unterspalte b der Spalte 3 ist durch Angabe der Flur und Nummer auszufüllen.

4. Da nach hessischem Grundbuchrecht einige Eintragungen in eine andere Abteilung gehörten, als die neue Grundbuchverfügung vorschreibt (vgl. §§ 13, 18 der Anordnungen des Hessischen Ministeriums der Justiz vom 14. Januar 1900), ist bei der Anlegung des neuen Grundbuchblattes auf diese Unterschiede besonders zu achten.

IV.

1. Vor der Umschreibung ist planmäßig festzustellen, ob dem auf dem umzuschreibenden Blatte als Eigentümer Eingetragenen noch andere Grundstücke desselben Grundbuchamtsbezirks gehören. Ist dies der Fall, so ist sorgfältig zu prüfen, ob nach den bestehenden wirtschaftlichen und örtlichen Verhältnissen eine Vereinigung (§ 890 Abs. 1 BGB.) dieser Grundstücke oder die Zuschreibung eines oder mehrerer Grundstücke als Bestandteil zu einem anderen (§ 890 Abs. 2 BGB.) angezeigt ist. Gegebenenfalls ist dem Eigentümer in angemessener Form die Stellung der erforderlichen Anträge nahezulegen. Kommt eine Vereinigung oder Zuschreibung nicht in Betracht, so bleibt in jedem Falle die Möglichkeit der Anlegung eines gemeinschaftlichen Grundbuchblattes (§ 4 GBO.) zu erwägen.

Durch sachgemäße Ausnutzung dieser Mittel kann der Rechtsverkehr wesentlich erleichtert und der Umfang des Grundbuchs erheblich eingeschränkt werden; auch können hierdurch etwa drohende Raumschwierigkeiten verringert werden. Auf § 63 Abs. 1 Nr. 4 und 5 der Kostenordnung wird in diesem Zusammenhange besonders hingewiesen.

2. Vor der Umschreibung ist gemäß § 29 der Grundbuchverfügung auch zu prüfen, ob Anlaß zur Anwendung des Grundbuchberichtigungszwanges (§ 82 GBO.) besteht.

3. Die Umschreibung besteht nicht im Abschreiben des alten Blattes. Wesentlich ist ihr insbesondere, daß

a) die gelöschten Eintragungen nach Möglichkeit (in den Grenzen von II 1) beseitigt werden und

b) daß die Eintragungsvermerke in ihrer Form unter tunlichster Einbeziehung späterer Veränderungen soweit vereinfacht und zusammengefaßt werden, als dies ohne Änderung ihres sachlichen Inhalts und ohne Erweiterung der Bezugnahmen irgend möglich ist. Auch eine sprachliche Änderung von Eintragungen ist nicht ausgeschlossen.

V.

Im Falle anhängiger oder bevorstehender Feldbereinigungen ist die Umschreibung bis zur Beendigung dieser Verfahren zurückzustellen. Das Ergebnis ist zunächst auf den alten Blättern einzutragen. Diese sind sodann umzuschreiben. Als bevorstehend gilt eine Feldbereinigung, wenn ihre Beendigung innerhalb der nächsten drei Jahre zu erwarten ist.

VI.

Die vorstehenden Bestimmungen beziehen sich nicht auf Grundbuchblätter, die nach § 72 der Grundbuchverfügung von der Neuordnung unberührt bleiben, z. B. Berg- und Bahngrundbücher.

VII.

Für die in dieser Verfügung angeordnete Umschreibung werden Kosten nicht erhoben.

VIII.

1. Die Umschreibung ist zur selbständigen Wahrnehmung durch den Rechtspfleger nicht geeignet.

2. Über die Bewilligung der zur Durchführung der Umschreibungsarbeiten erforderlichen Kräfte ergeht besondere Verfügung.

3. Es ist darauf Bedacht zu nehmen, daß die Umschreibung nach Möglichkeit dem ordentlichen Grundbuchrichter vorbehalten bleibt und die zusätzlich bewilligten Kräfte zu seiner Entlastung verwendet werden.

IX.

Jedes Grundbuchamt hat ein Verzeichnis zu führen, aus dem sich folgendes ergibt:

1. Die Zahl aller am 1. April d. J. in seinem Bezirk vorhandenen Grundbuchblätter.
2. Die Zahl der darunter befindlichen geschlossenen Blätter.
3. Die Zahl der innerhalb jedes Vierteljahrs
   a) umgeschriebenen,
   b) durch Vereinigung, Zuschreibung oder Zusammenschreibung beseitigten Grundbuchblätter.

Die Einrichtung des Verzeichnisses bleibt dem Oberlandesgerichtspräsidenten überlassen.

Ich behalte mir vor, zu gegebener Zeit über den Stand der Arbeiten Bericht zu erfordern.

18. Runderlaß betreffend Mitteilung der Amtsgerichte über die Eintragung, Umschreibung und Löschung von Grundstückslasten.

RdErl. d. JM. 1436. IIa 663 vom 12. August 1947.

Im Einvernehmen mit dem Herrn Minister der Finanzen bestimme ich:

1. Die Amtsgerichte (Grundbuchämter) haben ab sofort dem für ihren Sitz zuständigen Finanzamt alle Eintragungen in das Grundbuch mitzuteilen, die betreffen:

a) die Neueintragung einer Hypothek, Grund- oder Rentenschuld, eines Nießbrauchs, einer Reallast oder eines sonstigen Rechts auf wiederkehrende Leistungen aus einem Grundstück;
b) die Umschreibung eines der unter a bezeichneten Rechte;
c) die gänzliche oder teilweise Löschung eines der unter a bezeichneten Rechte.

2. Die Mitteilung unterbleibt:

a) bei Eintragungen zugunsten von Körperschaften des öffentlichen Rechts;
b) bei Hypotheken, Grund- oder Rentenschulden, wenn sie den Betrag von 1000 M nicht übersteigen, und bei Rechten auf wiederkehrende Leistungen, wenn der Jahreswert der Leistung den Betrag von 100 M nicht übersteigt; bei teilweisen Umschreibungen und Löschungen ist der umgeschriebene oder gelöschte Betrag maßgebend;

Amtsgericht

Mitteilung
über

Eintragung — Umschreibung — Löschung von Hypotheken-, Grund- oder Rentenschulden und Rechten auf wiederkehrende Leistungen im Grundbuch von ....Bd. ...... Bl. ......

Name, Stand und Wohnort des eingetragenen Eigentümers: ....

....

Tag der Eintragung — Umschreibung — Löschung ....

(Nichtzutreffendes durchstreichen.)

Bezeichnung des Berechtigten (Name, Stand, Wohnort, Wohnung)	Betrag des Schuldkapitals (RM oder DM) evtl. Bezeichnung des Rechts	Zinsfuß (%) oder Jahreswert des Rechts	Bei Löschung gelöscht. Bei Umschreibung Bezeichnung des neuen Berechtigten nach Name, Stand, Wohnort	Bei teilweiser Löschung oder Umschreibung Betrag (RM oder DM)
1	2	3	4	5

Die Richtigkeit bescheinigt:

.............., den .... 19.....

Der Urkundsbeamte.

An das Finanzamt

....

c) bei Eintragungen, die von Amts wegen erfolgen;
d) bei Eintragungen, die Vormerkungen, Höchstbetrags- und Zwangshypotheken, Verfügungsbeschränkungen, Pfändungen, Verpfändungen, Rangänderungen und Grunddienstbarkeiten betreffen;
e) bei Eintragungen der Mithaft von weiteren Grundstücken;
f) bei Entlastungen der Mithaft von weiteren Grundstücken.

3. Die Mitteilungen erfolgen laufend nach dem beiliegenden Vordruck. Für jede Eintragungsverfügung ist ein Vordruck auszufüllen. Die Vordrucke sind zunächst selbst zu beschaffen; später ist ihre Lieferung durch die Finanzbehörden vorgesehen.

4. Für die Absendung der Mitteilung ist der Urkundsbeamte der Geschäftsstelle verantwortlich. Er hat jede Eintragungsverfügung darauf zu prüfen, ob es einer Mitteilung bedarf. Ist dies der Fall, so ist die in Spalte 1 des Tagebuchs verzeichnete laufende Nummer zu unterstreichen, sobald der Vordruck ausgefüllt worden ist. Anderenfalls ist die Nummer mit einem Kreuz zu versehen.

19. Reichserbhofgesetz.

Vom 29. September 1933 (RGBl. I S. 685).

§ 30. Versorgung der Abkömmlinge des Erblassers. Heimatzuflucht.

(1) Die Abkömmlinge des Erblassers werden, soweit sie Miterben oder pflichtteilsberechtigt sind, bis zu ihrer Volljährigkeit auf dem Hof angemessen unterhalten und erzogen.

(2) Sie sollen auch für einen dem Stande des Hofs entsprechenden Beruf ausgebildet und bei ihrer Verselbständigung, weibliche Abkömmlinge auch bei ihrer Verheiratung, ausgestattet werden, soweit die Mittel des Hofs dies gestatten; die Ausstattung kann insbesondere auch in der Gewährung von Mitteln für die Beschaffung einer Siedlerstelle bestehen.

(3) Geraten sie unverschuldet in Not, so können sie auch noch später gegen Leistung angemessener Arbeitshilfe auf dem Hof Zuflucht suchen (Heimatzuflucht). Dieses Recht steht auch den Eltern des Erblassers zu, wenn sie Miterben oder pflichtteilsberechtigt sind.

§ 31. Altenteil des Ehegatten.

Der überlebende Ehegatte des Erblassers kann, wenn er Miterbe oder pflichtteilsberechtigt ist und auf alle ihm gegen den Nachlaß zustehenden Ansprüche verzichtet, von dem Anerben lebenslänglich den in solchen Verhältnissen üblichen Unterhalt auf dem Hof verlangen, soweit er sich nicht aus eigenem Vermögen unterhalten kann.

20. Erbhoffortbildungsverordnung.

Vom 30. September 1943 (RGBl. I S. 549).

§ 10. Heiratet der überlebende Ehemann und bäuerliche Nutzverwalter wieder, stehen der neuen Ehefrau und den während der Verwaltung und Nutznießung gezeugten Kindern aus der neuen Ehe ebenfalls ein Altenteilsanspruch sowie die Versorgungsansprüche nach § 9, 2 zu.

§ 14. Heiratet der zur Anerbenfolge gelangte Ehemann wieder, bevor die weitere Anerbenfolge eingetreten ist, so stehen nach Eintritt der weiteren Anerbenfolge ihm, dem neuen Ehegatten und den vor Eintritt der weiteren Anerbenfolge gezeugten Kindern aus der neuen Ehe die Altenteilsansprüche sowie die Versorgungsansprüche nach § 13, 2 zu.

§ 26. I. Heiratet der zum Anerben berufene Ehegatte, von dem der Erbhof stammt, wieder, so kann er mit dem neuen Ehegatten wieder einen Ehegattenerbhof begründen. Geschieht das nicht, so steht dem neuen bauernfähigen Ehemann die bäuerliche Verwaltung und Nutznießung am Erbhof zu.

II. Heiratet die zum Anerben berufene Ehefrau, von der der Hof nicht stammt, wieder, so steht dem neuen bauernfähigen Ehemann die Verwaltung und Nutznießung am Erbhof nach § 13, 1 zu.

III. Die Altenteilsansprüche der Ehegatten und die Versorgungsansprüche der Kinder aus der neuen Ehe bestimmen sich bei Wiederverheiratung des Ehegatten, von dem der Hof stammt, nach § 31 und § 30 REhcG., bei Wiederverheiratung des Ehegatten, von dem der Hof nicht stammt, nach § 13, 2 und § 14 dieser Verordnung.

21. Hessische Gemeindeordnung.

Vom 21. Dezember 1945 (GVBl. 1946 Nr. 1 S. 1—10).

§ 61. (1) Die Gemeinde soll Vermögensgegenstände nur erwerben, soweit sie zur Erfüllung ihrer Aufgaben erforderlich sind oder in absehbarer Zeit erforderlich werden.

(2) Die Gemeinde darf Vermögensgegenstände gegen Entgelt regelmäßig nur aus Mitteln des ordentlichen Haushalts oder aus Rücklagen erwerben, die sie für diesen Zweck aus Mitteln des ordentlichen Haushalts angesammelt hat. Darlehen zum Erwerb von Vermögensgegenständen soll sie nur aufnehmen, wenn es sich um einen nicht voraussehbaren außerordentlichen Bedarf handelt oder wenn sie aus sonstigen zwingenden Gründen Rücklagen nicht ansammeln konnte.

§ 62. (1) Die Gemeinde darf Vermögensgegenstände, die sie in absehbarer Zeit nicht braucht, veräußern.

(2) Die Gemeinde bedarf der Genehmigung der Aufsichtsbehörde, wenn sie

1. Vermögensgegenstände aller Art unentgeltlich veräußern,
2. Grundstücke und grundstücksgleiche Rechte verkaufen oder tauschen,
3. Sachen, die einen besonderen wissenschaftlichen, geschichtlichen oder künstlerischen Wert haben, besonders Archive und Teile solcher veräußern oder wesentlich verändern will.

(3) Der Minister des Inneren kann durch Verordnung Rechtsgeschäfte nach Abs. 1 und 2 von der Genehmigungspflicht freistellen, wenn sie ihrer Natur nach regelmäßig wiederkehren oder wenn bestimmte Wertgrenzen nicht überstiegen werden. Wertgrenzen jetzt V. 5. 3. 1949 (GVBl. S. 27).

§ 64. Für die Bewirtschaftung der Gemeindewaldungen gilt das bisherige Recht.

§ 65. (1) Für die Nutzung des Gemeindevermögens, dessen Ertrag nach bisherigem Recht nicht der Gemeinde, sondern sonstigen Berechtigten zusteht (Gemeindegliedervermögen), verbleibt es bei den bisherigen Vorschriften und Gewohnheiten.

(2) Gemeindevermögen darf nicht in Gemeindegliedervermögen umgewandelt werden.

22. Zweckverbandsgesetz.

Vom 10. Juli 1931 (RegBl. S. 132 [Reh S. 76]).

Art. 1. Zweckverbände sind Körperschaften des öffentlichen Rechts.

Art. 2. Gemeinden, selbständige Gemarkungen, Kreise und Provinzen können sich zur Wahrnehmung bestimmter in ihren Aufgabenkreis fallender Angelegenheiten zu Zweckverbänden zusammenschließen.

Art. 16. Vermögensverwaltung und Haushaltsführung. Die für die Landgemeinden geltenden Vorschriften der Gemeindeordnung (von 1911) über das Gemeindevermögen, den Voranschlag und das Kassen- und Rechnungswesen finden entsprechende Anwendung, soweit nicht der Minister des Innern Abweichungen zuläßt.

Art. 17. Staatsaufsicht. Die für Landgemeinden geltenden Vorschriften der Gemeindeordnung (1911) finden sinngemäß Anwendung. Aufsichtsbehörde ist der Minister des Innern, der mit der Aufsicht eine andere Behörde beauftragen kann. Übt der Minister des Innern die Aufsicht selber aus, so findet Art. 118 Abs. III der Gemeindeordnung keine Anwendung (d. h. keine Beschwerde).

23. Kreisordnung für das Land Hessen.

Vom 24. Januar 1946 (GVBl. S. 101).

§ 36. 1. Urkunden über Rechtsgeschäfte, die den Kreis gegen Dritte verpflichten sollen, sowie Vollmachten müssen unter Anführung des betreffenden Beschlusses des Kreistags bzw. Kreisausschusses von dem Landrat und zwei Mitgliedern des Kreisausschusses unterschrieben und mit dem Kreissiegel versehen sein.

2. Verpflichtungen des Kreises haben nur Gültigkeit, wenn die Vorschriften des Abs. 1 erfüllt werden.

24. Hessisches Landgesetz mit Vollzugsordnung.

Vom 1. September 1919 (RegBl. S. 322 u. 344 [Reh S. 161ff.]).

Art. 42. Die Veräußerung anderen unbewirtschafteten oder landwirtschaftlich, forstwirtschaftlich oder als Garten genutzten Grundbesitzes bedarf der Genehmigung der vom Landsiedlungsamt bestimmten Stelle, wenn der Grundbesitz des neuen Eigentümers innerhalb der Gemarkung, sei es auch erst nach dem Erwerb, eine durch Verordnung des Gesamtministeriums nach Anhörung des Beirats und des Vorstands der Landwirtschaftskammer festzusetzende Größe übersteigt. Grundbesitz, der von Ehegatten oder sonst zugunsten derselben Vermögensmasse genutzt wird, ist hierbei zusammenzurechnen. Die Festsetzung des Gesamtministeriums kann allgemein oder für örtliche Bezirke verschieden getroffen werden.

Art. 43. Einer Genehmigung bedarf es nicht:

a) bei Rechtsgeschäften, die vom Staat oder staatlichen Behörden oder Beamten abgeschlossen werden;

b) bei Rechtsgeschäften mit den im § 6 Abs. 2 des RSG. bezeichneten Personen.

Art. 44. Die Verfügungsbeschränkung bedarf der Eintragung in das Grundbuch nicht.

Art. 45. Zuständig ist die vom Landsiedlungsamt bestimmte Stelle, in deren Bezirk der Grundbesitz gelegen ist.

Art. 46. Die beiden Parteien sind, wenn möglich, zu hören, wenn die Genehmigung versagt werden soll. Wird die Genehmigung versagt, so kann jede Partei binnen 2 Wochen seit der Zustellung (Art. 48) Beschwerde an das Landessiedlungsamt einlegen. Dieses entscheidet endgültig.

Art. 47. Die Genehmigung ist zu versagen, wenn das Siedlungsunternehmen gegen ihre Erteilung Einspruch erhebt. Gegen die Versagung der Genehmigung ist Beschwerde an den Spruchausschuß des Landessiedlungsamts zulässig.

Art. 48. (Form der Zustellungen.)

Vollzugsordnung.

Vom 1. September 1919 (RegBl. S. 344 [Reh S. 170]).

§ 50. Als solche Behörden und Beamten, welche zuständig sind

1. gemäß Art. 37 des Landgesetzes
   a) Beurkundungen nach den §§ 313 und 873, 2 des BGB. vorzunehmen,
   b) eine Einigung nach § 925 BGB. entgegenzunehmen,
   c) das Grundbuchamt nach § 39 GBO. um eine Eintragung zu ersuchen;
2. gemäß Art. 39 des Landgesetzes im Vollzuge dieses Gesetzes die öffentliche Beglaubigung einer Unterschrift oder eines Handzeichens vorzunehmen, wird der Landamtmann (jetzt Minister für Landwirtschaft,

Ernährung und Forsten — Landessiedlungsamt) bestimmt. Dieses kann andere Behörden und Beamten zur Vornahme der angegebenen Rechtshandlungen ermächtigen.

§ 51. Für die Genehmigung nach Art. 42 des Landgesetzes wird mit Zustimmung des Landessiedlungsamts der Landamtmann (s. § 50) für zuständig erklärt usw.

§ 52. Eine Veräußerung nach Art. 42 bedarf der Genehmigung, wenn der Grundbesitz des neuen Eigentümers — sei es auch erst nach dem Erwerb — 25 ha oder mehr beträgt. Sonst ist eine Genehmigung nur dann erforderlich, wenn das zuständige, als Grundbuchamt tätige Amtsgericht eine Veräußerung als den Zwecken des Landgesetzes nicht entsprechend beanstandet und dies der nach § 51 zuständigen Stelle mitteilt. Wird die Genehmigung von dieser nicht binnen 3 Wochen seit Empfang der Mitteilung versagt, so gilt sie als erteilt.

25. Verordnung über das Vorkaufsrecht nach dem RSG.

Vom 15. April 1937 (RGBl. I S. 546).

Art. 1. Die Bestimmung nach § 4 Satz 2 des RSG. trifft der Reichsminister für Ernährung und Landwirtschaft im Einvernehmen mit dem Reichsminister der Justiz. Bei der Veräußerung von Teilen eines dem Vorkaufsrecht unterliegenden Grundstücks muß das Vorkaufsrecht auf solche Fälle beschränkt werden, in denen die Teile eine bestimmte Größe erreichen. Die Bestimmungen des Abs. 1 sind im Reichsgesetzblatt zu veröffentlichen.

Art. 2. Die landesrechtlichen Vorschriften über das Vorkaufsrecht nach dem RSG. werden aufgehoben; der Reichsminister für Ernährung und Landwirtschaft kann im Einvernehmen mit dem Reichsminister der Justiz die außer Kraft gesetzten Rechte bezeichnen.

Art. 3. Bis zum Erlaß abweichender Bestimmungen nach Abs. 1 dieser Verordnung unterliegen dem Vorkaufsrecht die Grundstücke oder Grundstücksteile, bei denen nach den bisher geltenden Vorschriften das Vorkaufsrecht ausgeübt werden konnte, jedoch mit der Maßgabe, daß das Grundstück oder der Grundstücksteil mindestens **1 ha** groß sein muß, falls bisher auch Grundstücke oder Grundstücksteile kleineren Umfangs (Hessen $\frac{1}{2}$ ha) dem Vorkaufsrecht unterlagen.

Art. 4. Die Frist zur Ausübung des Vorkaufsrechts beträgt auch bei Grundstücken bis zu 200 ha 6 Wochen.

26. Gesetz zur Beschaffung von Siedlungsland und zur Bodenreform (GSB.).

Vom 15. Oktober 1946 (GVBl. S. 218).

Art. IV. (Ziff. 5.) Eine seit dem 1. Januar 1946 erfolgte Landabgabe für Siedlungszwecke ist bei der Bemessung abzugebender Flächen anzurechnen. Alle rechtsgeschäftlichen Verfügungen über das Grundeigentum, die nach dem 1. Januar 1945 getroffen worden sind, bedürfen der nachträglichen Genehmigung durch die Siedlungsbehörde.

(Ziff. 6.) Forstlich genutzte Flächen, die zu einem land- oder forstwirtschaftlichen Betrieb gehören, können in Anrechnung auf die Landabgabe für die Zwecke dieses Gesetzes im Verhältnis 4 : 1 in Anspruch genommen werden, soweit sie sich für eine landwirtschaftliche Nutzung eignen.

(Ziff. 8.) Landwirtschaftlicher Grundbesitz des Staates, der Kirchen und der sonstigen juristischen Personen des öffentlichen Rechts kann zur Landabgabe für die Zwecke des Gesetzes im gleichen Umfang wie das private Grundeigentum herangezogen werden.

Art. V. Die Regelung der Miet- und Pachtverhältnisse und der öffentlichen und privaten Rechte und Lasten an dem abzugebenden Grundeigentum erfolgt in den Ausführungsbestimmungen.

Art. VI. Ausnahme von der Abgabe; hierzu 4. DuchfV. v. 20. 1. 1949 (GVBl. S. 13).

Art. VII. (Ziff. 2.) Rechtsgeschäftliche Verfügungen über das forstwirtschaftliche Grundeigentum bedürfen der Genehmigung der zuständigen staatlichen Forstaufsichtsbehörde.

Art. VIII. 1. Die Abgabe von Grundstücken und Betrieben für die Zwecke des Gesetzes erfolgt durch Übereignung an ein gemeinnütziges Siedlungsunternehmen. Die Übereignung darf jedoch erst dann vorgenommen werden, wenn eine unverzügliche Verwendung für die Zwecke des Gesetzes gewährleistet ist. Die Landabgabe nach Art. IV, 3—4 (Grundbesitz unter 100 ha oder 20000 DM Einheitswert) kann auch nach Genehmigung durch die zuständige Siedlungsbehörde durch pachtweise Überlassung an den Landbedürftigen erfolgen.

2. Die Übereignung wird von dem gemeinnützigen Siedlungsunternehmen nach Maßgabe des Bedarfs bei der zuständigen Siedlungsbehörde beantragt.

3. Erfolgt die Übereignung nicht freiwillig zu den vom gemeinnützigen Siedlungsunternehmen vorgeschlagenen Bedingungen, so ordnet die zuständige Siedlungsbehörde auf Antrag des Siedlungsunternehmens die Zwangsenteignung an.

4. Die Übereignung bzw. Zwangsenteignung erfolgt gegen Entschädigung usw. Die Zahlung der Entschädigung kann auf Antrag des Abgabepflichtigen auch in Form einer Rente erfolgen.

5. Die Nutznießung des abzugebenden Landes verbleibt dem bisherigen Eigentümer bis zur Übergabe an das Siedlungsunternehmen bzw. bis zur Besitzeinweisung.

6. Weitere Regelungen in den Ausführungsbestimmungen.

Art. IX. Das Reichssiedlungsgesetz vom 11. August 1919 (RGBl. I S. 1429) bleibt in Kraft, soweit es nicht durch die Bestimmungen dieses Gesetzes geändert wird.

Art. XII. Alle Geschäfte und Verhandlungen, die zur Durchführung des Landabgabeverfahrens im Sinne dieses Gesetzes dienen, sind gebühren-, stempel- und steuerfrei. Die gleiche Freiheit genießen alle Geschäfte und Verhandlungen auf freiwilliger Grundlage, wenn die zuständige Behörde die Notwendigkeit im Sinne dieses Gesetzes bestätigt.

27. Zweite Durchführungsverordnung zum GSB.

Vom 17. Februar 1947 (GVBl. 1947 S. 9).

§ 2. (1) Der Vorsteher des Kulturamts oder ein anderer vom Minister für Landwirtschaft, Ernährung und Forsten (Landeskulturabteilung) beauftragter Beamter der Landeskulturbehörde kann Grundstückskaufverträge über Grundstücke, die nach dem Art. I des Gesetzes Verwendung finden, beurkunden und die zur Auflassung erforderlichen Erklärungen entgegennehmen.

(2) Die von den Beamten beurkundeten Verträge und aufgenommenen Verhandlungen stehen den gerichtlichen oder notariellen Urkunden und Verhandlungen gleich, wenn sie in der für Gerichte vorgeschriebenen Form aufgenommen und unter Bezugnahme auf den erteilten Auftrag als Siedlungssachen bezeichnet werden.

§ 3. Für die Durchführung der Siedlungsmaßnahmen ist die untere Siedlungsbehörde sachlich und örtlich zuständig; usw.

§ 4. (1) Gemeinnützige Siedlungsunternehmen im Sinne des Gesetzes sind die bestehenden provinziellen Siedlungsgesellschaften. Soweit es sich um die Landbeschaffung gemäß Art. I, 1 handelt, kann der Minister für Landwirtschaft, Ernährung und Forsten auch Kreise, Gemeinden oder Genossenschaften für den Umfang eines Kreises oder einer Gemeinde als gemeinnützige Siedlungsunternehmen zulassen. Die Siedlungsträger unterstehen der Aufsicht des Ministers für Landwirtschaft, Ernährung und Forsten als obere Siedlungsbehörde, soweit nicht eine andere Stelle hierfür zusfändig ist (3. DurchfV. v. 20. 1. 49, GVBl. S. 12).

(2) Die unteren Siedlungsbehörden gelten ebenfalls als gemeinnützige Siedlungsunternehmen im Sinne des Gesetzes.

§ 10. Die Aufteilung und Auseinandersetzung von Grundeigentum landabgabepflichtiger Personen (Art. IV, 2) bedarf der Genehmigung der unteren Siedlungsbehörde nach Art. IV, 5.

§ 13. Bei Grundstücken, deren Heranziehung zur Landabgabe nach dem Gesetz in die Wege geleitet ist, ist auf Ersuchen der zuständigen unteren Siedlungsbehörde im Grundbuch Abt. II folgende Belastung einzutragen: „Das Grundstück unterliegt der Landabgabe nach dem Gesetz zur Beschaffung von Siedlungsland und zur Bodenreform vom 15. Oktober 1946."

§ 16. (1) Ist freiwillige Landabgabe nicht erreichbar, dann ordnet auf Antrag des Siedlungsunternehmens die untere Siedlungsbehörde die Enteignung nach Anhörung anderer interessierter Stellen, besonders der in § 1 Abs. 2 genannten (Landrat, Flüchtlingskommissar, landwirtschaftliche Ausschüsse), durch einen mit Gründen versehenen Beschluß an. In dem Beschluß ist der im Weg der Enteignung zu erwerbende Grundbesitz nach Grundbuch und Kataster anzugeben und die Zeit zu bestimmen, innerhalb deren der enteignete Besitz vom Antragsteller zu übernehmen ist; usw.

(3) Der Enteignungsbeschluß muß Angaben über den Zustand des Grundstücks und des Zubehörs enthalten und aussprechen, welche Rechte an dem Grundstück von der Enteignung ausgeschlossen sind und ob der Antragsteller in ein bestehendes Pacht- oder Mietverhältnis eintritt; usw. Abs. 4 u. 5 Besitzeinweisung s. 3. DurchfV. v. 20. 1. 49 (GVBl. S. 13).

§ 17. Gegen Beschlüsse der unteren Siedlungsbehörde kann der Antragsteller, der Eigentümer und jeder, dem in Ansehung des Grundstücks ein Recht zusteht, Beschwerde innerhalb 2 Wochen vom Tage der Zustellung oder der ortsüblichen Bekanntmachungen einlegen. Über die Beschwerde entscheidet die Spruchstelle bei der oberen Siedlungsbehörde. Mündliche Verhandlung auf Antrag des Beschwerdeführers. Gegen die Entscheidung der Spruchstelle ist weitere Beschwerde innerhalb eines Monats vom Tage der Zustellung ab an den Verwaltungsgerichtshof zulässig; usw.

§ 20. (1) Das Eigentum an dem enteigneten Grundstück geht mit der Rechtskraft des Enteignungsbeschlusses auf den Antragsteller über.

(2) Der rechtskräftige Enteignungsbeschluß schließt die Einweisung in den Besitz in sich, soweit in ihm nichts anderes bestimmt ist und macht auch eine vorläufige Einweisung rechtskräftig.

(3) Mit der Rechtskraft des Enteignungsbeschlusses erlöschen alle privatrechtlichen Lasten an dem Grundstück, soweit sie der Antragsteller nicht übernommen hat oder ihr Bestehenbleiben nicht angeordnet wird.

§ 21. Zur Befriedigung der Ansprüche der Eigentums-, Nutzungs- und sonstigen Berechtigten tritt die Entschädigungssumme an die Stelle des enteigneten Grundstücks.

§ 22. Die öffentlich-rechtlichen Lasten bleiben bestehen und folgen dem Übergang am Eigentum.

§ 24. Die Entschädigung für den enteigneten Grundbesitz erfolgt in Geld (auf Antrag evtl. Rente).

§ 25. (1) Die Entschädigungssumme ist unter Verzicht auf Rücknahme zur Verfügung der unteren Siedlungsbehörde zu hinterlegen:

a) in den Fällen des § 11 (Erbhof, Fideikommisse, sonstiger gebundener Grundbesitz): „Ist Enteignung erforderlich, dann wird das abzugebende Grundeigentum mit der Rechtskraft des Enteignungsbeschlusses frei von den Bindungen, denen es bis dahin unterlag" (Anm.: jetzt KRG. Nr. 45 Art. III). Der Kaufpreis oder die festgesetzte Entschädigung treten an die Stelle des abgegebenen Landes;

b) wenn neben dem Eigentümer andere begründete Ansprüche an die Entschädigungssumme haben, die zeitig nicht feststehen;

c) wenn Reallasten, Hypotheken, Grund- und Rentenschulden auf dem Grundstück ruhen.

(2) Nach Zahlung oder Hinterlegung der Entschädigung oder Festsetzung einer Rente kann die untere Siedlungsbehörde das Grundbuchamt um Eintragung des neuen Eigentümers ersuchen; ebenso bei Aufschiebung der Festsetzung bis 31. 12. 1949 (3. DurchfV. v. 20. 1. 49, Ziff. 10 GVBl. S. 13).

§ 27. Bezüglich der Aufteilung von Hypotheken und der Abschreibung von Grundstücksteilen finden die Vorschriften der §§ 1 und 2 des Gesetzes zur Ergänzung des Reichssiedlungsgesetzes vom 4. Januar 1935 sinngemäß Anwendung.

28. Gesetz zur beschleunigten Durchführung der Bodenreform.

Vom 28. November 1947 (GVBl. 1947 S. 107).

§ 1. Die Landabgabe des privaten Grundeigentums nach Art. IV Abs. 1 und 2 des GSB. (über 100 ha) erfolgt in einem abgekürzten Verfahren nach Maßgabe der folgenden Vorschriften:

§ 2. (1) Die Enteignung erfolgt durch schriftlichen Bescheid (Enteignungsbescheid) der zuständigen Behörde. Vorher soll den von ihr Betroffenen Gelegenheit zur Äußerung gegeben werden. Der Enteignungsbescheid ist dem Eigentümer zuzustellen und dem Grundbuchamt mitzuteilen.

(2) Die Enteignung geschieht zugunsten des gemeinnützigen Siedlungsunternehmens usw.

(3) Die zulässigen Rechtsmittel bleiben unberührt. Solange der Enteignungsbescheid nicht rechtskräftig ist, hat er spätestens vom Eingang beim Grundbuchamt ab die in den §§ 3 und 4 bestimmten Wirkungen.

(4) Die Entschädigung kann auch nachträglich festgestellt und bezahlt werden. Das gleiche gilt für die Regelung der Rechte Dritter an dem Grundstück einschließlich der Miet- und Pachtrechte.

§ 3. Zur Sicherung des durch die Enteignung zu erwartenden Eigentumsübergangs hat das Grundbuchamt auf Ersuchen der zuständigen Behörde eine Vormerkung mit der Wirkung der §§ 883ff. BGB. im Grundbuch einzutragen.

§ 4. Der Besitz an den im Enteignungsbescheid bezeichneten Grundstücken geht auf das Siedlungsunternehmen über; usw.

§ 5. Solange die grundbuchmäßige Bezeichnung des abzugebenden Grundstücks nicht möglich ist, ist auf Ersuchen der zuständigen Behörde bei allen landwirtschaftlichen Grundstücken des Abgabepflichtigen ein Sperrvermerk im Grundbuch einzutragen. Der Sperrvermerk hat die Wirkung einer Vormerkung zur Sicherung des Anspruchs auf Übertragung des Eigentums an das Siedlungsunternehmen.

§ 6. Die Vorschriften des GSB. und der hierzu ergangenen Ausführungsvorschriften finden unbeschadet der Aufrechterhaltung der Rechtsmittel bei dem Vollzug dieses Gesetzes keine Anwendung, soweit sie der beschleunigten Durchführung der Bodenreform entgegenstehen. Dies gilt insbesondere von Art. VIII Abs. 1 Satz 2.

§ 8. Das Gesetz tritt mit der Verkündung in Kraft. Es gilt auch für nach Art. IV Abs. 1 und 2 GSB. bereits anhängige Fälle.

29. Allgemeine Genehmigung Nr. 9 zum GSB.

Vom 30. September 1947 (AmABl. vom 31. 10. 1947 S. 11).

Unbeschadet der Vorschrift der Gesetze Nr. 52 und 53 der MR. wird hiermit nach Maßgabe derselben eine allgemeine Genehmigung erteilt, welche die Vornahme aller Rechtshandlungen gestattet, die die Eigentumsübertragung an Vermögenswerten, deren Vermietung oder Verpachtung zum Gegenstand haben, sei es, daß sie freiwillig oder durch Ausübung des Zwangsenteignungsrechts entsprechenden Hessischen Gesetzes über Siedlung und Bodenreform (GSB.) vorgenommen worden sind, jedoch unter der Voraussetzung, daß

a) die Übertragung an das Siedlungsunternehmen oder denjenigen, der berechtigt ist, das Vermögen in Empfang zu nehmen, nach Maßgabe der obengenannten Gesetze stattgefunden hat;
b) die Entschädigungszahlung für Vermögenswerte, die Gegenstand des Gesetzes Nr. 52 der MR. sind, auf ein gesperrtes Konto einer Bankanstalt in der Amerikanischen Zone Deutschlands auf den Namen des Eigentümers erfolgt;
c) diese Genehmigung nicht zum Abschluß von Verträgen hinsichtlich von Vermögenswerten berechtigt, die durch KRG. beschlagnahmt worden sind oder die in das Eigentum des KR. übergegangen sind;
d) Übertragungen von Vermögenswerten, welche Gegenstand der Verfügung durch den KR. sind und über die auf Grund eines KR.Erlasses oder Übereinkommens verfügt wurde, für unwirksam zu erklären sind und das Eigentum an derartigen Vermögenswerten an den durch die MR. bestimmten Empfangsberechtigten zu übertragen ist, wenn die MR. anordnet, daß die nach Maßgabe dieser Genehmigung vorgenommene Übertragung nicht im Einklang mit der Verfügungsbefugnis des KR. über derartige Vermögenswerte steht;
e) Übertragungen von Vermögenswerten, von denen sich nachträglich herausstellt, daß sie der Rückerstattung an den früheren Eigentümer oder seinen Rechtsnachfolger nach Maßgabe eines in der amerikanischen Besatzungszone erlassenen Rückerstattungsgesetzes unterliegen, jederzeit durch die MR. für null und nichtig erklärt werden können;
f) jede durch Ausübung des Zwangsenteignungsrechts bewirkte Übertragung von Vermögenswerten, die Personen außerhalb Deutschlands gehören, im Einklang mit den Bestimmungen stehen müssen, die durch den zuständigen Ernährungs- und Landwirtschaftsminister im Einvernehmen mit dem Justizminister erlassen worden sind;
g) in Fällen, in denen Vermögensübertragungen nach Maßgabe der Bestimmungen unter d und e für unwirksam erklärt worden sind, Gesetze zum Schutz des gutgläubigen Erwerbers keine Anwendung finden sollen, mit der Maßgabe jedoch, daß in dem Umfang, in dem Verbesserungen des Vermögensgegenstandes den Wert desselben noch in dem Zeitpunkt erhöhen, in dem die Übertragung für unwirksam erklärt worden ist, der Empfänger des Vermögensgegenstands den Betreffenden zu entschädigen hat; die zum Zweck der Verbesserung vorgenommenen Leistungen sollen im selben Umfang bestehen bleiben.

30. Betreffend beschleunigte Durchführung der Bodenreform bei gesperrten Vermögen zur Allgemeinen Genehmigung Nr. 9.

(RdE. JM. 3490/1 - III. 959 vom 5. 11. 1947.)

Durch letztere sind die Durchführungen der Landabgaben an die Nass. Siedlungs-GmbH. in Frankfurt a. M. und die Hess. Heimat-Siedlungs-GmbH. in Kassel, die gerichtliche oder notarielle Beurkundung von Verträgen und die Auflassungen sowie die Eintragung der Eigentumsänderungen ohne weiteres auch dann zulässig, wenn das Vermögen dem Sperrgesetz Nr. 52 unterliegt oder Verfügungsbeschränkungen nach MRG. Nr. 53 bestehen. Aber

1. aus der gerichtlichen oder notariellen Urkunde muß ersichtlich sein, daß es sich um ein nach der Allgemeinen Genehmigung Nr. 9 zulässiges Geschäft handelt, und daß den Voraussetzungen dieser Allgemeinen Genehmigung genügt ist;
2. bei den Verfügungen über gesperrte Vermögen muß gewährleistet sein, daß die Entschädigungen — im Fall einer nachträglichen Festsetzung gemäß § 24, 2 der 2. Durchführungsverordnung zum GSB. auch die Vergütung für die zwischenzeitliche Nutzung — auf ein bestehendes oder ein für diesen Zweck zu errichtendes Sperrkonto gezahlt werden. Hinsichtlich der Entschädigungen und Vergütungen für abgabe-

pflichtigen Grundbesitz des Staats, der sonstigen Gebietskörperschaften oder der Kirchen sind Einzahlungen auf Sperrkonten nicht erforderlich;

3. bei der Beurkundung sind die Beteiligten über den Inhalt der Vorschriften zu b bis g der Allgemeinen Genehmigung Nr. 9 und über die möglichen Folgen bei ihrer Nichtbeachtung zu belehren;
4. die Vorschriften über Glaubhaftmachung der Sperrfreiheit durch Personen, deren Vermögen der Sperre nicht unterliegt, werden durch diese Bestimmung nicht berührt.

31. Runderlaß des Ministers für Landwirtschaft, Ernährung und Forsten.

Vom 5. November 1947 (Abt. VI, Tgb. Nr. 3547 a-Az. LK. 40. 08 gen.).

Durch die Genehmigung entfallen insbesondere Bedenken gegen die Heranziehung des Grundbesitzes der in Art. IV (8) GSB. genannten juristischen Personen des öffentlichen Rechts für die Zwecke der GSB. (Erlaß vom 29. 8. 1947 wird aufgehoben). Dazu gilt noch folgendes:

I.

1. Durch die Allgemeine Genehmigung Nr. 9 ist die Landabgabe für die Zwecke der GSB., und zwar sowohl die freiwillige Übereignung wie die Zwangsenteignung ohne Genehmigung im Einzelfall auch für Grundeigentum zulässig, das der Sperre nach dem MRG. 52 oder einer Verfügungsbeschränkung nach Gesetz Nr. 53 unterliegt.

2. Aus dem Veräußerungsvertrag oder dem Enteignungsbeschluß muß zu ersehen sein, daß

a) die Voraussetzungen der Allgemeinen Genehmigung Nr. 9 vorliegen;
b) die Beteiligten über den Inhalt der Vorschriften b bis g und deren mögliche Folgen bei Nichtbeachtung belehrt worden sind.

3. Die Entschädigungen für privates Grundeigentum im Fall einer nachträglichen Festsetzung gemäß § 24 (2) 2. DurchfV. zum GSB. und außer der Entschädigung auch die Vergütungen für zwischenzeitliche Nutzung sind auf ein bestehendes oder ein zu diesem Zweck zu errichtendes Sperrkonto zu zahlen.

4. Für privates Grundeigentum ist dem zuständigen Amt für Volkskontrolle in jedem Fall der Übereignung von gesperrtem Vermögen eine Abschrift des Veräußerungsvertrags oder des Enteignungsbeschlusses zu übersenden. Dabei ist um Angabe des Sperrkontos zu ersuchen, auf das die Entschädigung und etwaige zwischenzeitliche Nutzungsvergütungen einzuzahlen sind.

II.

Zur Vermeidung von Zweifeln wird ausdrücklich darauf hingewiesen, daß die Allgemeine Genehmigung Nr. 9 sowie die obigen Ausführungen unter I auch hinsichtlich der Landabgaben von Personen gelten, die sich außerhalb Deutschlands befinden. Jedoch muß hier im Fall der Übereignung das folgende Verfahren vorausgehen:

1. Dem Treuhänder des betreffenden Vermögens ist ein Landabgabebescheid zuzustellen. Für Landabgabepflichtige nach Art. IV (1) GSB. das mit meinem Erlaß vom 22. Oktober 1947 - VI. 3487a übersandte Muster anzuwenden, und es ist ein Verzeichnis beizufügen, in dem amtliche Grundstücke nach dem Grundbuch und Liegenschaftskataster aufzuführen sind. In anderen Fällen kann das vorgenannte Muster nur als Anhalt dienen, und die einzelnen Grundstücke sind im Bescheid zu benennen. Ist für das Vermögen kein Treuhänder bestellt worden, so ist der Landabgabebescheid nebst Grundstücksverzeichnis dem zuständigen Amt für Volkskontrolle in zwei Ausfertigungen zuzustellen.

2. Ist die Anschrift des Eigentümers oder sein Aufenthalt bekannt, so sendet ihm der Treuhänder oder das Amt für Volkskontrolle den Landabgabebescheid nebst Grundstücksverzeichnis durch die Post. Eine Abschrift des

Übersendungsschreibens mit dem zugehörigen Posteinlieferungsschein oder der Zustellungsurkunde erhält das Kulturamt. Das weitere Landabgabeverfahren nach den Bestimmungen des GSB. und den Durchführungsvorschriften dazu darf erst nach Erscheinen des Grundeigentümers oder, wenn dieser nicht erscheint, frühestens nach 90 Tagen von dem Datum der Posteinlieferung gerechnet, eingeleitet werden. Der Treuhänder ist berechtigt, den nicht erschienenen Eigentümer zu vertreten.

3. Ist der Grundeigentümer oder seine Anschrift oder sein Aufenthaltsort nicht bekannt und ein Treuhänder bestellt, so hat dieser nach Eingang des Landabgabebescheids den unbekannten oder abwesenden Grundeigentümer in dem Landabgabeverfahren zu vertreten. Ist kein Treuhänder eingesetzt, so bestellt das zuständige Amtsgericht auf Ersuchen des Kulturamts für das Landabgabeverfahren einen Pfleger als Vertreter des Eigentümers.

III.

Zur Entscheidung von Streitigkeiten über die nach g der Allgemeinen Genehmigung Nr. 9 zu leistenden Entschädigungen für Verbesserungen sind die ordentlichen Gerichte zuständig.

32. Genehmigungsverfahren bei land- und forstwirtschaftlichem Grundstücksübergang.

(Min. f. Landw., E. u. F. an die LWK. Frankfurt und Kassel.)
(LK Ffm. X 17/48 vom 15. 1. 1948; LKK V 5/1 Nr. 2401/47 vom 15. 1. 1948.)

Zur Vereinfachung des Verfahrens nach Art. IV und VI Kontrollratsgesetz Nr. 45 (Beil. Nr. 5 S. 31 zum GVBl. 1947 Nr. 4/5), dem II. Abschnitt der Durchführungsverordnung dazu (GVBl. 1947 S. 45), der Verordnung vom 7. Juli 1942 (RGBl. I S. 451) über die Preisüberwachung und die Rechtsfolgen von Preisverstößen im Grundstücksverkehr, dem Gesetz vom 22. September 1933 in der Fassung vom 27. September 1938 (RGBl. I S. 1246) über die Aufschließung von Wohnsiedlungsgebieten, dem Art. IV Nr. 5 (GVBl. 1946 S. 219), des Gesetzes zur Beschaffung von Siedlungsland usw. (GSB.) und dem § 4 der 1. Durchführungsverordnung dazu (GVBl. 1947 S. 9) habe ich mit den Ministern für Arbeit und Wohlfahrt sowie für Wirtschaft und Verkehr folgende Regelung vereinbart, die ich an die Landwirtschaftsämter weiterzuleiten bitte:

1. Das Landwirtschaftsamt ist federführend und vermittelt den Verkehr der Vertragschließenden mit den anderen Behörden.

2. Pachtvorgänge sind lediglich an Bauerngericht und Landrat (Oberbürgermeister) — Preisamt — weiterzuleiten.

3. Unentgeltliche Rechtsgeschäfte, die nicht ohnehin genehmigungsfrei sind (z. B. § 7 Abs. 1 Nr. 2 der DurchfVO. zum KontrGes. 45) und Erbteilungen sind nur dem Bauerngericht zuzuleiten.

4. Der Geschäftsgang bei Verkäufen (Veräußerungen) ist folgender:

a) Zwei Abschriften des öffentlich beurkundeten Kaufvertrages erhält das Preisamt.

b) Urschrift*) des Kaufvertrages mit dem Akt des Landwirtschaftsamtes „gegen Rückgabe“ erhält in jedem Falle das zuständige Kulturamt, das den Kaufvertrag an den Minister für Arbeit und Wohlfahrt, Ref. IV d, weiterleitet, wenn nach dessen den Kulturämtern laufend zugehenden Listen der Ort der belegenen Sache darin verzeichnet ist, sonst an das Landwirtschaftsamt zurückleitet.

c) Sobald der Akt zum Landwirtschaftsamt zurückkehrt, leitet es ihn, falls es nicht selbst zur Entscheidung zuständig ist, dem Bauerngericht zu.

*) Muß „beglaubigte Abschrift“ heißen, da die Urschrift im Notar. Archiv verbleiben muß.

5. Die Zuleitung an den Minister für Arbeit und Wohlfahrt sowie an das Kulturamt erfolgt, damit sie sich entscheiden können, ob sie den Vertragsgegenstand zu Siedlungszwecken beanspruchen wollen. Wenn deren Stellungnahme auch nicht die Genehmigung des Vertrages hindert, so hat das Landwirtschaftsamt doch die Vertragschließenden davon zu benachrichtigen, damit diese sich schlüssig werden können, ob sie nunmehr noch den Vertrag aufrechterhalten wollen.

6. Die Entscheidung des Preisamtes erfolgt, falls es dem Preise nicht zustimmt, grundsätzlich mit dem Anheimstellen, einen den Preisvorschriften entsprechenden Preis neu zu vereinbaren. Das Landwirtschaftsamt leitet dem Bauerngericht den Akt erst zu, wenn das Preisamt die neue Vereinbarung gebilligt hat.

Sonst erforderliche Benachrichtigung anderer als der erwähnten Stellen (z. B. Steuerbehörden) werden durch diesen Erlaß nicht berührt. Den Minister der Justiz habe ich gebeten, die beurkundeten Stellen entsprechend zu benachrichtigen.

33. Genehmigungsverfahren bei land- und forstwirtschaftlichem Grundstücksübergang in Verbindung mit dem Artikel IV Nr. 5 des Gesetzes zur Beschaffung von Siedlungsland und dem § 4 der 1. Durchführungsverordnung dazu.

(Min f. Landw., E. u. F. Abt. VI - Tgb. Nr. 226a, Az: LK 40. 08 an die Kulturämter.)

In der Anlage erhalten Sie abschriftlich Kenntnis von einem Erlaß an die Landwirtschaftskammern Frankfurt/Main und Kassel (Nr. 32) über die Regelung des vereinfachten Verfahrens nach Art. IV und VI des Kontrollratsgesetzes Nr. 45. Um die aufgetretenen Zweifel der Zuständigkeit nach Artikel IV Ziff. 5 des GSB. zu beheben, weise ich im Zusammenhang mit dieser Regelung auf folgendes hin:

Mit dem Kontrollratsgesetz Nr. 45, das am 24. April 1947 rechtskräftig wurde, sind gemäß Art. I Abs. 1 und 2 die Gesetze, Verordnungen und Ausführungsvorschriften aufgehoben worden, die bisher im wesentlichen den Verkehr bzw. Eigentumswechsel mit land- und forstwirtschaftlichen Grundstücken beschränkten und von der Genehmigung einer Behörde abhängig machten. Auch ist in Art. X des Gesetzes Nr. 45 bestimmt, daß alle Gesetze oder andere gesetzliche Vorschriften, die im Widerspruch zu diesem Gesetze stehen, außer Kraft getreten. Mithin ist vom 24. April 1947 an nach § 15 der Verordnung zur Durchführung des Kontrollratsgesetzes Nr. 45 die landwirtschaftliche Verwaltung in der Kreisstufe bzw. das Bauerngericht bei Auflassung und Verpachtung von entsprechendem Grundeigentum zuständig.

Wenn auch der Wortlaut des Artikels IV Ziff. 5 des GSB. bezüglich „getroffen worden sind" und „nachträgliche Genehmigung" zu der Annahme berechtigt, daß dieser Genehmigungspflicht nur solche Verfügungen unterliegen, die in der Zeit vom 1. Januar 1945 bis zum 30. November 1946 getroffen worden sind, so ist doch mit Rücksicht auf die verspätete Verabschiedung des Kontrollratsgesetzes Nr. 45 nicht zweifelhaft, daß die Siedlungsbehörden auch für die Genehmigung derartiger Verfügungen nach dem 30. November 1946, und zwar bis zum 24. April 1947 zuständig sind.

Ihren Bericht vom 13. Januar 1948 zu Nr. 250 sehe ich hiermit als erledigt an.

34. Verordnung über die Verwaltung des Kirchenvermögens.

Vom 6. Juni 1832 (RegBl. S. 412).

Art. 26. Alle Verkäufe, Vertauschungen und Verpachtungen von Kirchenvermögen, Verkäufe der Erträge von Kirchenvermögen, alle öffentlichen um Lohn zu verrichtenden Arbeiten und Lieferungen erfolgen in der Regel durch öffentliche Versteigerungen, welche von dem ständigen weltlichen Mitglied oder einem Delegierten desselben, bei Gegenständen von Wichtigkeit oder aus besonderen Gründen von dem Kreisrat oder einem Beauftragten desselben geleitet wird. Der Versteigerung muß ein Überschlag oder eine Abschätzung von einer dazu verpflichteten Person vorausgehen und bei Fruchtversteigerungen der laufende Preis der Früchte zugrundegelegt werden.

Art. 29. Bei Verkäufen und Vertauschungen einer Kirche oder geistlichen Stiftung gehörigen Immobilien und kostbaren beweglichen Sachen ist erforderlich, daß nach erwirkter Zustimmung des Patrons (ist weggefallen!) in geeigneten Fällen und des Bischofs hinsichtlich des katholischen Kirchenvermögens die Entscheidung des Ministers des Innern eingeholt wird, welches bezüglich des protestantischen Kirchenvermögens an uns zu berichten hat.

Art. 30. Immobilien der Kirchen und geistlichen Stiftungen können im allgemeinen nicht ohne Genehmigung der Kreisräte verpachtet oder vermietet werden. Außerdem aber ist, insbesondere dann, wenn Immobilien auf einen längeren Zeitraum als 9 Jahre verpachtet oder vermietet werden sollen, sowie bei Verpachtungen oder Vermietungen vorher auf eine andere Art benutzter Immobilien, die Entschließung der höheren Kirchenbehörde erforderlich.

35. Forstverwaltungsgesetz.

Vom 16. November 1923 (RegBl. S. 491).

Art. 16. Die Veräußerung eines Waldgrundstücks sowie eines Anteils hieran bedarf der Genehmigung der oberen Forstbehörde. Das gleiche gilt, wenn der Holzbestand eines Waldgrundstücks auf dem Stock zur Selbsternte des Käufers veräußert werden soll. Einer Veräußerung im Sinne dieser Vorschrift steht eine Veräußerung im Wege der Zwangsvollstreckung oder durch den Konkursverwalter gleich usw. Die Genehmigung zu einer Veräußerung im Wege der Zwangsvollstreckung gilt als im voraus erteilt, wenn die Bestellung der Hypothek, Grund- oder Rentenschuld, auf Grund der die Zwangsvollstreckung stattfindet, mit Zustimmung der oberen Forstbehösde erfolgt ist. Die Erteilung dieser Zustimmung ist bei der Eintragung der Hypothek, der Grundschuld oder Rentenschuld im Grundbuch zu vermerken.

Art. 18. Alle Waldgrundstücke sowie Eigentumsteile an solchen sind unbeschadet der Vorschriften der Art. 50 bis 52 des Landgesetzes vom 1. September 1919 zugunsten des hessischen Staates mit einem Vorkaufsrecht für alle Verkaufsfälle belastet. Auf das Vorkaufsrecht finden die Vorschriften der §§ 5, 6 Abs. 1 und der §§ 7 und 8, des § 9 Abs. 1 sowie der §§ 10 und 11 des Reichssiedlungsgesetzes vom 11. August 1919 (RGBl. S. 1429) mit der Maßgabe entsprechende Anwendung, daß die Frist zur Ausübung des Vorkaufsrechts 6 Wochen und sofern es sich um die Ausübung des Vorkaufsrechts anläßlich der Veräußerung im Wege der Zwangsvollstreckung handelt, 3 Wochen beträgt.

Abs. 2. . . . . . .

Art. 34. Auch die Veräußerung oder Teilung eines zu einem Schutzforst gehörenden Grundstücks, das kein Waldgrundstück ist, bedarf der Genehmigung der oberen Forstbehörde. Die Vorschriften der Art. 16 und 17 finden auch insoweit entsprechende Anwendung. Die Tatsache allein, daß ein Grundstück mit Genehmigung der oberen Forstbehörde veräußert worden ist, läßt dessen Zugehörigkeit zu einem Schutzforst unberührt.

(Statt Art. 17 jetzt AGBGB. Art. 95, 2, 3; obere Forstbehörde jetzt Bezirksforstamt.)

Art. 35. Mit dem in Art. 18 bezeichneten Vorkaufsrechte sind die Schutzforste und die zu einem Schutzforst gehörenden Grundstücke belastet, die keine Waldgrundstücke sind.

(Das Forstverwaltungsgesetz vom 15. April 1905, RegBl. S. 149, ist nur Organisationsgesetz, ebenso wie die V. über den Aufbau der Forstverwaltung vom 10. Januar 1946, GVBl. S. 55. Über Schutzforste, gebildet aus aufgelösten Familienfideikommissen nach den V. vom 15. November 1923 und 2. Dezember 1921, vgl. Art. 28ff.)

36. Gesetz über den Aufbau der Forstverwaltung.

Vom 10. Januar 1946 (GVBl. S. 55).

§ 1. Der Minister für Wirtschaft und Verkehr übernimmt für das Gebiet des Staats Hessen die forstlichen und jagdlichen Aufgaben und Befugnisse, die bisher zur Zuständigkeit des Reichsforstmeisters zugleich in seiner Eigenschaft als Reichsjägermeister und preußischer Oberlandforstmeister bzw. der Forstabteilung der Hessischen Landesregierung gehört haben.

§ 2. Zur Erledigung aller forstlichen und jagdlichen Angelegenheiten bedient sich der Minister für Wirtschaft und Verkehr der Landesforstverwaltung; an der Spitze der Landesforstverwaltung steht der Oberlandforstmeister. Dem Oberlandforstmeister werden die Forstabteilungen der Regierungspräsidenten in Darmstadt, Kassel und Wiesbaden unmittelbar unterstellt. Sie scheiden damit aus der Behörde des RegPräs. Darmstadt, des RegPräs. Kassel und des RegPräs. Wiesbaden aus und führen die Bezeichnung Bezirksforstamt Darmstadt, Bezirksforstamt Kassel und Bezirksforstamt Wiesbaden.

§ 3. Die Landesforstverwaltung hat die Aufsicht über die Privatwaldungen nach Maßgabe einer zu erlassenden besonderen Ausführungsverordnung.

37. Verordnung über die Zuständigkeit der Bergbehörden.

Vom 10. Januar 1946 (GVBl. S. 90).

§ 1. Die Aufgaben der oberen Bergämter werden einheitlich für das Gesamtgebiet des Staates Hessen von dem Minister für Wirtschaft und Verkehr wahrgenommen. Die von ihm als Bergbehörde getroffenen Entscheidungen sind endgültig.

§ 2. Die Bezirke der aufgestellten Bergämter werden wie folgt festgelegt:
Das Bergamt Darmstadt umfaßt den RegBez. Darmstadt und Kreis Hanau-Stadt, Kreis Hanau-Land, Kreis Gelnhausen, Kreis Schlüchtern des RegBez. Wiesbaden.
Das Bergamt Dillenburg umfaßt den Dillkreis und Kreis Biedenkopf des RegBez. Wiesbaden.
Das Bergamt Weilburg umfaßt Kreis Wetzlar, Oberlahnkreis, Kreis Limburg, Kreis Usingen, Ober- und Untertaunuskreis, Mainz, Taunuskreis, Rheingaukreis, Stadtkreis Wiesbaden und Stadtkreis Groß-Frankfurt des RegBez. Wiesbaden.
Das Bergamt Kassel umfaßt den RegBez. Kassel.

§ 3. Alle vom Reich, den Ländern oder den zuständigen Behörden erlassenen bergrechtlichen Bestimmungen, die im Gebiet des Staates Hessen in Kraft waren, finden auch weiter Anwendung, soweit sich nicht aus den Gesetzen und Anordnungen der MReg. oder aus dieser Verordnung ein anderes ergibt.

38. Ausführungsverordnung Nr. 1 zum Militärregierungsgesetz Nr. 2 (Deutsche Gerichte Amer. Zone).

Vom 16. Januar 1946 (Sammlung Müller D 2/7 S. 6).

§ 3b. Amtshandlungen sind zulässig, wenn entweder

1. die Amtshandlung von der MR. allgemein oder für besondere Fälle genehmigt ist oder
2. die Partei bzw. Person eine eidesstattliche Erklärung einreicht, in der unter Eid versichert wird, daß nach ihrem besten Wissen und Gewissen die betreffende Amtshandlung (Urkunde usw.) weder die Übertragung von Rechten, Ansprüchen, Besitz oder Eigentum, das einer Person gehört, deren Vermögen durch die MR. gesperrt ist, noch Geldzahlung durch eine solche Person noch die Verminderung oder Beeinträchtigung des Wertes solchen Vermögens zur Folge haben wird (die Amtshandlungen sind sonst unwirksam).

§ 5. Zulässige Eintragungen und Eintragungserfordernisse für öffentliche Register.

a) Die folgenden Eintragungen in öffentlichen Registern sind bedingungslos zulässig:

(1) Die Eintragung einer Berichtigung, eines Widerspruchs oder einer Vormerkung im Grundbuch.

. . . . . .

b) . . . . . .

c) Eine Eintragung anderer als der in den Absätzen a und b bezeichneten Art darf im Grundbuch nur vorgenommen werden, wenn sie entweder von der MR. genehmigt ist oder wenn dem mit der Führung des betreffenden Registers verantwortlichen Beamten auf einem von ihm gelieferten Formular von dem Antragsteller für die Eintragung eine Versicherung unter Eid oder an Eides Statt des im folgenden bezeichneten Inhalts eingereicht wird:

(1) . . . . . .

(2) Im Fall einer sich auf Vermögen beziehenden Eintragung muß die Versicherung angeben, daß weder durch die Eintragung noch durch das ihr zugrundeliegende Rechtsgeschäft ein Recht oder ein Anspruch hinsichtlich Besitz oder Eigentum einer Person übertragen wird, deren Vermögen von der MR. gesperrt ist, auch nicht der Wert solchen Vermögens vermindert oder beeinträchtigt wird.

d) (1) Eine Eintragung, die in der Zeit zwischen der durch die MR. angeordneten Schließung des Grundbuchamts und der Aufnahme ihrer Tätigkeit gemäß dieser Verordnung im Grundbuch erfolgt ist, ist rechtlich unwirksam, bis zu ihr durch den mit der Führung des betreffenden Registers betrauten Beamten ein Bestätigungsvermerk hinzugefügt wird.

(2) Ein Bestätigungsvermerk ist von Amts wegen bei allen Eintragungen der in Abs. a angeführten Art einzutragen.

(3) Bei Eintragungen der in Absätzen b und c angeführten Art ist ein Bestätigungsvermerk nur dann einzutragen, wenn der zuständige Beamte festgestellt hat, daß die Erfordernisse des auf den Fall anwendbaren Absatzes gegeben sind. Diese Feststellung ist aktenkundig zu machen. Solange die Eintragung eines Bestätigungsvermerks nicht erfolgt ist, ist bei der ursprünglichen Eintragung der Vermerk „vorläufig unwirksam" in deutlicher Weise hinzuzufügen; eine Benachrichtigung über die vorläufige Unwirksamkeit und über die Bestimmungen dieses Paragraphen und § 7 ist den an der ursprünglichen Eintragung interessierten Personen durch die Post an ihre letztbekannte Adresse zu senden oder in sonstiger Weise gesetzmäßig zuzustellen.

(4) In allen Räumlichkeiten, in denen Geschäfte des Grundbuchamts betätigt werden, ist in deutlich sichtbarer Weise eine öffentliche Bekanntmachung anzuschlagen, in der, im amtlichen Text und in deutscher Übersetzung, die Bestimmungen dieses Paragraphen und des § 7 wiedergegeben sind und in welcher das Datum angeführt ist, an dem das Grundbuchamt die Funktionen gemäß dieser Verordnung aufgenommen hat.

§ 6. Sperrlisten und Sperreintragungen.

a) . . . . . .

b) Registereintragungen.

Auf Grund einer von der MR. oder in deren Auftrag ergehenden Mitteilung, daß ein Grundstück, ein Schiff oder sonstiges ausreichend beschriebenes Vermögen von der MR. gesperrt ist, hat der Richter oder der sonstige mit der Führung des Grundbuchs betraute Beamte der Eintragung solchen Vermögens in dem betreffenden Register einen Sperrvermerk hinzuzufügen.

c) Sperrvermerk betreffend Nachlässe oder Erben.

(1) In jedem Erbschein, Zeugnis über die Fortsetzung der Gütergemeinschaft (BGB. § 1507) und in jedem Testamentsvollstreckerzeugnis sowie jeder Bestallung als Vormund, Pfleger, Nachlaßverwalter, Konkursverwalter oder sonstiger Treuhänder ist durch das Gericht oder sonst zuständigen Beamten der Justizverwaltung in deutlich sichtbarer Form ein Vermerk des

im folgenden bezeichneten Wortlauts aufzunehmen, es sei denn, daß zur Überzeugung des Gerichts oder des Beamten nachgewiesen ist, daß das Vermögen, auf das sich die Bescheinigung bezieht, nicht gesperrt ist.

„Das Vermögen ist (vermutlich) von der MR. gesperrt. Jedes auf dieses Vermögen oder auf einen seiner Bestandteile sich beziehende Rechtsgeschäft ist (unterliegt der Gefahr) null und nichtig (zu sein), es sei denn, daß das Rechtsgeschäft durch die MR. genehmigt ist." (Nichtzutreffende in Klammern angeführte Worte sind auszustreichen.)

(2) In jeden Erbschein und jedes Zeugnis über die Fortsetzung der Gütergemeinschaft ist, wenn das Gericht oder der sonstige für seine Ausstellung zuständige Justizbeamte weiß oder wissen muß, daß das Vermögen eines Erben, eines Miterben oder einer an der fortgesetzten Gütergemeinschaft beteiligten Person gesperrt ist, ein diesbezüglicher Vermerk aufzunehmen.

§ 7. Keine Bestimmung dieser Verordnung soll dahin ausgelegt werden, daß ein gutgläubiger Erwerber Rechte an gesperrtem Vermögen erwirbt. Personen, die sich auf die Herleitung dinglicher Rechte von einer dazu nicht berechtigten Person stützen, können sich nicht auf die diesbezüglichen deutschen Schutzbestimmungen berufen, sofern der Mangel des Rechts der übertragenden Person der Vermögenskontroll- oder Devisenbewirtschaftungsgesetzgebung der MR. zuzuschreiben ist.

§ 8. Begriffsbestimmungen.

a) Der Ausdruck „Person" umfaßt jede Einzelperson, offene Handelsgesellschaft, Vereinigung, öffentlich-rechtliche oder privatrechtliche Körperschaft sowie jede sonstige Organisation oder juristische Person.

b) Der Ausdruck „Vermögen" umfaßt alle körperlichen und unkörperlichen, beweglichen und unbeweglichen Vermögensgegenstände und Vermögenseinheiten.

c) Der Ausdruck „gesperrtes Vermögen" bedeutet jedes „Vermögen" (in obigem Sinn), das die MR. durch eine darauf abzielende Erklärung unter ihre Kontrolle genommen oder von dem sie Besitz ergriffen oder bezüglich dessen sie das Eigentumsrecht, die Verwaltung, die Leitung, die Überwachung oder sonstige Kontrollbefugnisse übernommen hat.

§ 9. Die Landesjustizminister sind ermächtigt, mit Genehmigung der MR. die zur Ausführung der Bestimmungen dieser Verordnung erforderlichen oder geeigneten Verordnungen und Dienstanweisungen zu erlassen.

§ 11. Diese Verordnung tritt am 16. Februar 1946 in Kraft.

39. Amtliche Erläuterung zur Ausführungsverordnung (AVO.) Nr. 1 zu MRG. Nr. 2.

d) Die Wiedereröffnung des Grundbuchs beruht auf der Allgemeinen Ermächtigung § 1 der AVO. S. 11ff. der Ausgabe A des ABl. der Amer. Zone. Die für die Eintragungen geltenden Beschränkungen dagegen sind in § 5 AVO. aufgeführt und ein neues Register, das Sperregister, wird durch § 6 eingeführt. Abgesehen von Eintragungen in dem Sperregister sind nur solche Eintragungen unbeschränkt zulässig, welche eindeutig die Vermögenskontrolle nicht beeinträchtigen. Die Eintragungen (zu c) erfordern eine eidesstattliche Versicherung, falls nicht eine allgemeine oder besondere Genehmigung vorliegt.

e) Sperrlisten, Sperrnachrichten und Sperreintragungen.

Die Bestimmung des § 6 AVO. gibt keinen Rechtsschutz für gutgläubige Erwerber, auch dann nicht, wenn die erforderlichen eidesstattlichen Versicherungen eingereicht sind, der Richter die erforderlichen Feststellungen getroffen hat und die Sperrung nicht gerichtsbekannt war (Gesetz 52 Art. V und VI, Gesetz 53 und § 7 AVO.).

Was in den Sperrlisten steht, wird durch eine Bescheinigung des Listen- oder Registerführers über das Ergebnis festgestellt und gilt als gerichtsbekannt.

40. Allgemeine Genehmigung Nr. 2.

Auf Grund der Ausführungsverordnungen Nr. 1 zum Gesetz Nr. 2 der Militärregierung.

1. Gemäß Abs. 3b, 5b und 5c der Ausführungsverordnung Nr. 1 zum Gesetz Nr. 2 der Militärregierung über „Deutsche Gerichte" wird hiermit für die Vornahme von Amtshandlungen, wie sie in § 3a dieser Ausführungsverordnung aufgeführt sind, für die Vornahme von Eintragungen in das Handelsregister, Genossenschaftsregister, Vereinsregister oder Schiffsregister nach Maßgabe des § 5b dieser Verordnung und für die Eintragung in das Grundbuch oder ein sonstiges öffentliches Register nach Maßgabe des § 5c der Verordnung eine allgemeine Genehmigung erteilt, vorausgesetzt, daß eine solche Amtshandlung oder Registereintragung zur Durchführung des Gesetzes Nr. 59 der Militärregierung über „Rückerstattung feststellbarer Vermögensgegenstände" notwendig oder sachgemäß erscheint.

2. Diese allgemeine Genehmigung gilt nicht als eine Genehmigung nach Maßgabe der Vorschriften des Gesetzes Nr. 52 der Militärregierung über „Sperre und Beaufsichtigung von Vermögen" in seiner abgeänderten Fassung oder des Gesetzes Nr. 53 der Militärregierung über „Devisenbewirtschaftung".

3. Diese allgemeine Genehmigung tritt am 10. November 1947 in Kraft.

Allgemeine Genehmigung Nr. 10.

Erteilt auf Grund des Gesetzes Nr. 52 der Militärregierung.

Sperre und Kontrolle von Vermögen.

Auch bekannt als

Allgemeine Genehmigung Nr. 4.

Erteilt auf Grund des Gesetzes Nr. 53 der Militärregierung.

Devisenbewirtschaftung.

1. Gemäß Artikel II des Gesetzes Nr. 52 der Militärregierung und Artikel I des Gesetzes Nr. 53 der Militärregierung wird hiermit eine allgemeine Genehmigung erteilt, alle Rechtsgeschäfte in Deutschland vorzunehmen, die mit einem nach Maßgabe und im Rahmen des Gesetzes Nr. 59 der Militärregierung angemeldeten Rückerstattungsanspruch im Zusammenhang stehen, vorausgesetzt, daß:

a) das Rechtsgeschäft mit der Anmeldung, Rechtsverfolgung, Verteidigung, dem Verzicht, Vergleich oder der endgültigen Entscheidung eines derartigen Anspruchs in notwendigem Zusammenhang steht und fernerhin

b) daß der Anspruch namens eines Verfolgten, seines Erben oder Vermächtnisnehmers, dagegen nicht seines Abtretungsempfängers angemeldet worden ist.

2. Diese allgemeine Genehmigung umfaßt nicht:

a) die Vornahme der Belastung eines gemäß dem Gesetz Nr. 52 der Militärregierung gesperrten Kontos, es sei denn, daß es sich um ein Konto handelt, das einem an dem Rückerstattungsverfahren notwendig Beteiligten gehört, auf den Namen des Beteiligten lautet und es sich um eine notwendige Zahlungsverpflichtung handelt, die im Zusammenhang mit diesem Verfahren entstanden ist;

b) die Übertragung oder die Abtretung von Vermögensgegenständen, einschließlich Geld und Geldansprüchen, die außerhalb Deutschlands gelegen sind;

c) die Übertragung oder Übergabe eines rückerstatteten Vermögensgegenstandes an irgendeinen anderen als den Berechtigten oder seinen Beauftragten;

d) die Ausfuhr eines Vermögensgegenstandes aus der Amerikanischen Besatzungszone einschließlich des Landes Bremen.

3. Diese allgemeine Genehmigung tritt am 10. November 1947 in Kraft.

41. Allgemeine Genehmigung Nr. 3.

(AmABl. Ausgabe A vom 1. Juni 1946 S. 24, 25.)

Jedem Kreis oder jeder Gemeinde wird hiermit die allgemeine Genehmigung erteilt, alle Rechtsgeschäfte innerhalb Deutschlands vorzunehmen, die für gewöhnlich zu ihrem normalen Aufgabenkreis gehören, vorausgesetzt, daß diese Geschäfte lediglich durch das Gesetz Nr. 52 der MR. für verboten erklärt sind, und daß der betreffende Kreis oder die Gemeinde keine außerordentlichen Geschäfte vornimmt, die direkt oder indirekt das Vermögen des betreffenden Kreises oder der Gemeinde wesentlich verringern, gefährden oder in anderer Beziehung Nachteile für ihre finanzielle Lage zur Folge haben.

42. Allgemeine Genehmigung Nr. 5.

(AmABl. Ausgabe A vom 1. Juni 1946 S. 35.)

Jeder Anstalt innerhalb Deutschlands, die dem öffentlichen Gottesdienst, der Wohlfahrt, der Erziehung, der Kunst dient oder einer solchen Anstalt keine Forschungsarbeiten leistet, hiermit den Wissenschaften zu dienen bestimmt ist, wird soweit eine allgemeine Genehmigung erteilt, alle Rechtsgeschäfte vorzunehmen, die zu ihrem normalen Aufgabenkreis gehören und durch Gesetz Nr. 52 für verboten erklärt sind mit der Maßgabe, daß

a) diese Geschäfte lediglich durch das Gesetz Nr. 52 der MR. für verboten erklärt sind;

b) diese Genehmigung keine Ermächtigung zur Ausübung von Rechtsgeschäften einer Amtsstelle, eines Unternehmers, einer Person oder eines anderen in der AVO. 1 erwähnten Organisation oder in deren Auftrag darstellt;

c) diese Genehmigung nicht zum Kauf, Verkauf oder sonstigen Verfügung über Grundbesitz ermächtigt;

d) eine solche Anstalt keine Geschäfte betreiben darf, die direkt oder indirekt das Vermögen der betreffenden Anstalt wesentlich verringern, gefährden oder anderweitige Nachteile für deren Vermögen zur Folge haben.

43. Militärregierungsgesetz Nr. 52.

Sperre und Kontrolle von Vermögen.

(Sammlung Müller D 52/1.)

Art. 1. (1) Vermögen innerhalb des besetzten Gebietes, das unmittelbar oder mittelbar, ganz oder teilweise im Eigentum oder unter der Kontrolle der folgenden Personen steht, wird hiermit hinsichtlich Besitz oder Eigentumsrecht der Beschlagnahme, Weisung, Verwaltung, Aufsicht oder sonstigen Kontrolle durch die MR. unterworfen:

a) . . . . . .

b) Regierungen, Staatsangehörige oder Einwohner von Staaten mit Ausnahme des Deutschen Reichs, die sich mit einem Mitglied der Vereinigten Nationen zu irgendeinem Zeitpunkt seit dem 1. September 1939 im Kriegszustand befanden, und Regierungen, Staatsangehörige und Einwohner von Ländern, die seit diesem Tag von den vorgenannten Staaten oder von Deutschland besetzt waren.

c—e) . . . . . .

f) Abwesende Eigentümer nichtdeutscher Staatsangehörigkeit einschließlich Vereinigter Nationen und neutrale Regierungen sowie Deutsche außerhalb Deutschlands.

(2) Der Beschlagnahme hinsichtlich des Besitzes oder Eigentumsrechts, Weisung, Verwaltung, Aufsicht oder sonstigen Kontrolle ist auch Vermögen unterworfen, das unter Zwang oder Drohung übertragen oder rechtswidrig dem Eigentümer oder Besitzer entzogen oder erbeutet worden ist, ohne Rücksicht darauf, ob diese Handlung in Anwendung von Rechtssätzen oder im Weg von Verfahren, die den Schein des Rechtes zu wahren vorgaben oder in sonstiger Weise vorgenommen wurden.

44. Allgemeine Genehmigung Nr. 12.

Auf Grund des Militärregierungsgesetzes Nr. 52.
(AmABl. Ausgabe I vom 16. März 1948.)

1. Hiermit wird die allgemeine Genehmigung erteilt, in Deutschland befindliches Vermögen freizugeben, das im Eigentum oder unter der Kontrolle von Personen mit Wohnsitz in Deutschland steht, und das ausschließlich auf Grund des Art. I Abs. 1b des Gesetzes Nr. 52 der MR. gesperrt ist.

2. Diese allgemeine Genehmigung ist nicht als Genehmigung für Geschäfte irgendwelcher Art anzusehen, die auf Grnnd des Gesetzes Nr. 53 der MR. verboten sind.

3. Diese allgemeine Genehmigung tritt am 1. März 1948 im Gebiet der Amerikanischen Zone in Kraft.

45. Löschungsbewilligung durch gesperrte Geldinstitute.

RdE. JM. 3851. II. 1179/46 vom 26. August 1947.

Der § 3b der Ausführungsverordnung Nr. 1 zum Militärregierungsgesetz Nr. 2 schreibt vor, daß die Löschung von Hypotheken und Grundschulden nnr zulässig ist, wenn

entweder der Gläubiger die eidesstattliche Versicherung abgibt, daß nach seinem besten Wissen und Gewissen die betreffende Rechtshandlung weder die Übertragung von Rechten, Ansprüchen, Besitz oder Eigentum, das einer Person gehört, deren Vermögen durch die Militärregierung gesperrt ist, noch eine Geldzahlung durch eine solche Person, noch die Verminderung oder Beeinträchtigung des Wertes solchen Vermögens zur Folge haben wird, und das Gericht weder weiß noch wissen muß, daß diese eidesstattliche Versicherung unrichtig ist,

oder die MilReg. die Amtshandlung allgemein oder für den besonderen Fall genehmigt hat.

Zur Abgabe der vorgenannten eidesstattlichen Versicherung sind die Geldinstitute dann nicht in der Lage, wenn ihr Vermögen der Sperre des MRG. Nr. 52 unterliegt. Die Löschung der Hypotheken und Grundschulden ist somit in diesen Fällen nur zulässig, wenn eine dahingehende Genehmigung der MilReg. vorliegt.

Diese hat nunmehr zu der Frage Stellung genommen, ob hierzu eine besondere Genehmigung erforderlich ist, oder ob die allgemeine Ermächtigung des Art. IV § 6 des MRG. Nr. 52, die Rechtsgeschäfte im Rahmen der normalen Geschäftstätigkeit oder die Benutzung des gesperrten Vermögens entsprechend seinem normalen Gebrauchszweck zuläßt, ausreicht und die Erteilung einer weiteren Genehmigung überflüssig macht. Die MilReg. ist der Ansicht, daß die Annahme der zurückgezahlten Hypotheken und Grundschuldbeträge sowie die rechtmäßige Eintragung der Löschung dieser Grundschuldlasten unter die allgemeine Genehmigung des Art. IV § 6 fallen, und die Löschung somit ohne weitere besondere Genehmigung vorgenommen werden kann.

Soweit Zweifel bestehen, ob die getroffene Verfügung des Geldinstituts zu dem normalen Geschäftsbetrieb gehört, bleibt es zulässig, die Abgabe einer dahingehenden eidesstattlichen Versicherung zu verlangen.

Es wird jedoch darauf hingewiesen, daß diese Grundsätze nur dann gelten, wenn das Vermögen des Schuldners nicht gesperrt ist oder wenn im Falle der Sperre die allgemeine oder besondere Genehmigung für die Rückzahlung der geschuldeten Beträge vorliegt.

46. a) Genehmigungsverfahren nach der AVO. 1.

RdE. JM. 3100. I a vom 7. Januar 1947.

...... Die Genehmigungsanträge sind nicht mehr über mich, sondern über das Landesamt für Vermögenskontrolle und über den Land Property Control Chief an die Rechtsabteilung der MR. zu leiten. Nach Absprachen mit der MR. sind daher von jetzt ab die Anträge auf Genehmigung auf Grund der §§ 3b und 5c 2, die vermögensrechtliche Ansprüche betreffen, z. B. Vollstreckung aus Urteilen und Vergleichen bei dem örtlich zuständigen Amt für Vermögenskontrolle einzureichen. Der Antrag ist von demjenigen zu stellen, der ein Interesse an der Verfolgung der Angelegenheit hat, z. B. Anwalt, Treuhänder, Kläger usw. Das Amt für Vermögenskontrolle legt den Antrag alsdann dem Land Property Control Chief zwecks Weiterleitung an das Amt der MR. für Hessen — Rechtsabteilung — vor.

b) Genehmigungsverfahren nach der AVO. 1.

RdE. JM. 3490/1. III 1033 vom 30. April 1948.

Bei den Vermögen, die nach dem MRG. 52 der Vermögenssperre unterliegen, ist zu unterscheiden, ob sie unter Vermögenskontrolle genommen worden sind und somit den Ämtern für Vermögenskontrolle unterstehen oder ob lediglich die Sperrkontrolle in Betracht kommt.

1. Mein RdE. vom 7. Januar 1947 behandelt den Fall der Vermögenskontrolle. Er ist dahin zu ergänzen, daß die MR. dem Landesamt für Vermögenskontrolle folgende Sondervollmacht erteilt hat: „Dem Landesamt für Vermögenskontrolle wird hiermit eine Sonderermächtigung zur Genehmigung von Grundbucheintragungen hinsichtlich von Vermögen, die sich gemäß Gesetz Nr. 52 der MR. in dessen berichtigter Fassung unter Kontrolle befinden, erteilt, insoweit sich solche Eintragungen auf die Vornahme von Hypothekenlöschungen und -belastungen beziehen. Hiervon sind alliierte und neutrale Vermögenswerte sowie solche, die ausländisches Beutegut darstellen oder deren Übertragung durch Zwang, Drohung bzw. Plünderung stattgefunden hat, ausgenommen."

Es verbleibt bei der Regelung, daß alle Anträge bei den Ämtern für Vermögenskontrolle einzureichen sind.

2. Soweit die Vermögen der vom Finanzministerium ausgeübten Sperrkontrolle unterliegen, sind die Genehmigungsanträge auf Formblatt MGAF-A (1) bei der zuständigen Zweigstelle der Landeszentralbank einzureichen.

c) Allgemeine Genehmigung zur AVO. 1.

RdE. JM. 3490/1 - IIIa 88 vom 14. April 1948.

Die MR. hat für Hessen gemäß § 3 (b) 1 AVO. 1 zum MRG. Nr. 2 nachstehende allgemeine Genehmigung erteilt:

Amt der MR. für Hessen APO. 633 vom 31. März 1948, betreffend Zuständigkeit deutscher Gerichte.

1. Mit Ausnahme der unter Ziff. 2 aufgeführten Fälle wird hiermit allen Gerichten und Beamten der Justizverwaltung einschließlich Richtern, Notaren und sonstigen Beamten, die in § 3 (b) 1 der AVO. 1 vorgesehene Genehmigung für den Erlaß von Entscheidungen, Beschlüssen, Urteilen oder Verfügungen gegen Beklagte erteilt, deren Vermögen dem MRG. Nr. 2 unterliegt, vorausgesetzt, daß

a) die Entscheidung, der Beschluß, das Urteil oder die Verfügung vom Gesetz als Ersatz für Erklärungen des Beklagten gefordert werden, welche die Umschreibung oder Löschung einer Hypothek, Grundschuld oder Rentenschuld genehmigen, überall, wo eine solche Umschreibung oder Löschung im Anschluß an die Zahlung der zugrundeliegenden Verbindlichkeit stattfinden soll und

b) die Zahlung der zugrundeliegenden Verbindlichkeit entweder vor der Verkündung des MRG. Nr. 52 oder mit Genehmigung der MR. oder durch einen bzw. mehrere Schuldner bewirkt worden ist, deren Vermögen nicht unter die Bestimmungen des MRG. Nr. 52 fällt.

2. In allen Fällen, in denen das von einer solchen Rechtshandlung betroffene Vermögen unter Aufsicht der Vermögenskontrolle steht und unter

Art. I § 1f oder § 2 des MRG. Nr. 52 fällt, ist die ausdrückliche Genehmigung der MR. erforderlich.

3. Die Beamten der Justizverwaltung einschließlich Richter, Notare und sonstige Beamten werden hiermit ermächtigt, im Zusammenhang mit der Umschreibung oder Löschung von Hypotheken, Grund- oder Rentenschulden, die nach obiger Ziff. 1 oder durch ausdrückliche Genehmigungen gemäß obiger Ziff. 2 genehmigt sind, Erklärungen abzufassen, zu bescheinigen, zu beurkunden und notariell zu erledigen.

47. Allgemeine Verfügung über Fragen der Behandlung des Grundbuchs im Zusammenhang mit der Währungsreform.

RdE. JM. 3851 - III. 2640 vom 23. September 1948.

I. Aus dem vom Wirtschaftsrat beschlossenen Gesetz zur Sicherung von Forderungen für den Lastenausgleich und der zu ihm erlassenen Durchführungsverordnung ergibt sich folgendes:

1. Eigentümergrundschulden entstehen aus Anlaß der Umstellung von Forderungen, zu deren Sicherung Hypotheken usw. bestellt worden sind, nicht. Denn die Vorschriften des Währungsgesetzes über die Umstellung von Grund- oder Rentenschulden gelten auch für die dinglichen Rechte. Soweit danach Forderungen untergehen (z. B. § 18, 3 UG.) erlöschen auch die für sie bestellten Grundpfandrechte (ohne Entstehung eines Eigentümerpfandrechts); Grundpfandrechte für Forderungen, die zum Nennbetrag umgewandelt werden (§ 18, 1 UG.) sind zu DM-Rechten in Höhe des RM-Betrags geworden, die übrigen haben sich in DM-Rechte in Höhe von 10 % des RM-Betrags (§ 16 aaO.) verwandelt.

2. Mit Wirkung vom 1. Juli 1948 entstehen kraft Gesetzes ohne Eintragung in das Grundbuch mit dem Rang unmittelbar nach dem umgestellten Recht Ausgleichsgrundschulden in Höhe des Betrags, um den der RM-Nennbetrag den Umstellungsbetrag in DM übersteigt, zugunsten des Ausgleichsfonds im Rahmen des Lastenausgleichs.

3. Ein am 20. Juni 1948 bestehendes Eigentümergrundpfandrecht unterliegt der Umstellung. Mangels einer zugrundeliegenden Forderung kann eine höhere Umstellung nach § 18, 1 UG. nicht in Betracht kommen. Eigentümergrundpfandrechte werden deshalb durchweg mit dem Normalsatz 10 : 1 umgestellt.

II. 1. Als besonders dringlich erscheint die Frage der Behandlung der Anträge, bei denen es sich um Eintragung bestimmter Geldsummen handelt, die noch auf RM lauten, z. B. §§ 1113, 1190, 1191, 881, 1 u. 2, 882 BGB. Angesichts des § 1 WG. und § 28 Satz 2 GBO. ist seit dem 20. Juni 1948 die Eintragung in der früheren Währung abzulehnen, und zwar ohne Rücksicht darauf, ob der Eintragungsantrag vor oder nach diesem Zeitpunkt eingelaufen ist. Denn für die Frage der Ordnungsmäßigkeit einer Eintragung kommt es auf den Zeitpunkt der Eintragung, nicht auf den des Antrags an. Es ist nicht Aufgabe des Grundbuchbeamten, von sich aus die Umstellung in der geltenden Währung vorzunehmen; dies widerspräche nicht nur der ihm im allgemeinen zukommenden Stellung, sondern könnte auch zu Eintragungen im Widerspruch mit dem vom Antragsteller gewollten Inhalt führen. Insbesondere erscheint es auch nicht angängig, daß der Grundbuchbeamte die zur Eintragung in RM beantragte Geldsumme bei Hypotheken zum Normalsatz des § 16 UG. selbst umstellt. Auch wenn es sich nach der Eintragungsbewilligung eindeutig um eine Darlehenshypothek handelt, kann z. B. infolge Auszahlung des Darlehens am 19. oder 20. Juni 1948 eine Umstellung zum Satz 1 : 1 erfolgt sein (§ 18, 1 Nr. 4 UG.). Auch kann es sich um eine nach § 18, 1 privilegierte Forderung handeln, deren Charakter aus den Eintragungsunterlagen nicht zutreffend erkennbar ist. Zudem wird wegen der durch die Währungsgesetze eingetretenen Änderung der Verhältnisse in aller Regel zweifelhaft sein, ob der Wille des Antragstellers auf den Vollzug des Antrags mit dem ursprünglichen Inhalt noch fortbesteht.

Kann hiernach der Antrag auf Eintragung in RM nicht vollzogen werden, so liegt es auch hier grundsätzlich im Ermessen des Grundbuchamts, den Antrag zurückzuweisen oder zur Behebung des Hindernisses eine Frist zu setzen (§ 18 GBO.). Dabei ist der gegen die Befristung erhobene Einwand, die Eintragung der in diesem Fall möglicherweise nötigen Vormerkung nach Abs. 2 scheitere daran, daß auch hier das Recht wegen § 28 Satz 2 GBO. nur in RM umgeschrieben werden dürfe, nicht durchschlagend. Die Eintragung einer „Vormerkung zur Sicherung der Eintragung des aus dem Betrag von x RM nach dem UG. umgestellten Betrag in gesetzliche DM-Währung“ erscheint bedenkenfrei.

Es ist auch zur Behebung der auf die Währungsgesetze zurückzuführenden Hindernisse dem Grundbuchamt selbstverständlich unbenommen, sich mit den Beteiligten in formloser Erinnerung zur mündlichen Belehrung und Erörterung mit dem Ziele der Ergänzung und Richtigstellung des Antrags und der Eintragungsbewilligung ins Benehmen zu setzen, soweit dies nicht dem Notar zu überlassen ist. Beim Vollzug des auf DM zu berichtigenden Antrags wird, falls zwischen dem Einlauf des ursprünglichen und des richtiggestellten Antrags weitere Anträge eingelaufen sind, zu beachten sein, ob es sich in der Tat nur um die Umstellung des RM-Betrags in DM handelt oder ob etwa ein Geschäft mit neuem Inhalt vorliegt. Denn nur im ersten Fall darf die endgültige Eintragung mit dem durch die Vormerkung gesicherten Rang erfolgen.

2. Zu der Streitfrage, ob bei Löschungen von auf 10 % umgestellten Rechten auf die Schattenquote nach § 16, 2 Rücksicht zu nehmen ist, insbesondere die Nachquote einer Löschung entgegensteht, ist in § 13, 3 der zu erwartenden Durchführungsverordnung zum Gesetz zur Sicherung des Lastenausgleichs im verneinenden Sinn Stellung genommen. Danach ist nicht zu zweifeln, daß die Quittung des Gläubigers über den Empfang des umgestellten DM-Betrags eine ausreichende Löschungsgrundlage für ein nach der allgemeinen Regel des § 16 UG. umgewertetes Recht ist, und daß der Eigentümer vom Gläubiger gegen Zahlung dieses Betrags eine vorbehaltslose Löschungsbewilligung verlangen kann. Es ist Sache des Gesetzgebers, für den Fall der Gewährung der Nachquote über die Frage der dinglichen Sicherung und die Art derselben zu befinden.

3. Anträgen auf Eintragung neuer Grundpfandrechte in DM wird ohne Rücksicht auf die bevorstehende Gesetzgebung zu entsprechen sein. Es empfiehlt sich jedoch, die Beteiligten auf die bevorstehenden Vorschriften zur Sicherung des Lastenausgleichs hinzuweisen.

4. Zwischenverfügungen und formlose Erinnerungen sind ebenso wie die Eintragung einer Vormerkung nach § 18, 2 GBO. gebührenfrei (KostO. § 63, 3 Abs. 1 Nr. 2). Die Zurückweisung unterliegt an sich der halben Gebühr (§ 122); doch wird, wenn die Ablehnung des Antrags auf dem Inkrafttreten des Währungsgesetzes beruht, in aller Regel auf Grund des § 15, 1 Satz 3 KostO. Gebühren- und Auslagenfreiheit zu gewähren sein. Darüber hinaus gibt die Verordnung vom 20. März 1935 (RGBl. I S. 406) die Möglichkeit der Nachsicht auch in weiteren Fällen.

48. Rechtsmittelgesetz.

Vom 7. September 1946 (GVBl. S.174). (Neue Fassung v. 29.3.49 s.GVBl. S.25).

(1) In bürgerlichen Rechtsstreitigkeiten und in Sachen der freiwilligen Gerichtsbarkeit einschließlich Pachtschutzsachen findet gegen die Entscheidung des Amtsgerichts die Beschwerde an das Landgericht in den Fällen statt, in denen sie nach den am 1. Januar 1934 geltenden Vorschriften zugelassen war oder in späteren Gesetzen für zulässig erklärt worden ist.

(2) Gegen die erstinstanzlichen Beschlüsse der Landgerichte findet unter den Voraussetzungen des Abs. 1, wenn es sich um die Versagung des Armen-

rechts oder um Ordnungsstrafen handelt, die Beschwerde, im übrigen die Rechtsbeschwerde an das Oberlandesgericht statt.

(3) Die Rechtsbeschwerde kann nur darauf gestützt werden, daß die Entscheidung auf einer Verletzung des Gesetzes beruhe. Die Vorschriften der §§ 550, 551, 561, 563 der ZPO. finden entsprechende Anwendung.

(4) In Rechtsstreitigkeiten über vermögensrechtliche Ansprüche ist die Zulässigkeit der Beschwerde davon abhängig, daß der Beschwerdegegenstand den Wert von 50 DM übersteigt.

(5) Gegen Beschlüsse in Kostensachen ist die Beschwerde nur zulässig, wenn der Beschwerdegegenstand 50 DM übersteigt.

(6) Auf das Beschwerdeverfahren finden die Vorschriften der ZPO. in der Fassung vom 8. November 1933 (RGBl. I S. 821) und des FGG. insoweit Anwendung, als das gegenwärtige Gesetz nicht entgegensteht.

49. Runderlasse des Ministers der Justiz, betr. Rechts- und Amtshilfeverkehr sowie Schriftwechsel mit dem Ausland.

I. Runderlaß 9341 - III. a. 2896 vom 30. August 1948.

Die Militärregierung hat neue Anweisungen über den Rechts- und Amtshilfeverkehr sowie den Schriftwechsel mit dem Ausland erteilt und ein Verfahren festgelegt, das Regelungen für den Zeitraum trifft, in dem vor dem Krieg abgeschlossene Rechtshilfeverträge, Übereinkommen und internationale Abkommen, an denen Deutschland beteiligt war, noch in der Schwebe sind. Unter Zusammenfassung der bisher ergangenen Runderlasse ordne ich demgemäß an:

1. Rechts- und Amtshilfeverkehr.

1. Die Rechts- und Amtshilfeersuchen der hessischen Gerichte und Staatsanwaltschaften an Behörden ausländischer Staaten einschließlich der ausländischen Konsulate im Inland, sind mir mit einem Anschreiben auf dem Dienstweg vorzulegen. Ihnen ist eine Übersetzung des Ersuchens in der Sprache des ersuchten Staates beizufügen. Die Weitergabe wird durch mich nicht mehr an die Militärregierung, sondern unmittelbar an die Konsulate oder Militärmissionen der Auslandsstaaten erfolgen.

Es wird jedoch bemerkt, daß Ersuchen an Behörden im Saargebiet unmittelbar zur Absendung kommen können.

2. Die Rechts- und Amtshilfeersuchen der ausländischen Staaten sollen mir von den Konsulaten oder Militärmissionen übersandt werden. Sie werden von mir an die ersuchten Behörden weitergegeben werden. Unmittelbar bei den Gerichten und Staatsanwaltschaften eingehenden Ersuchen kann entsprochen werden, wenn sie als zulässig anzusehen sind; anderenfalls sind sie mir mit einem Bericht, aus dem sich die Gründe der Ablehnung ergeben, vorzulegen. Diese Regelung gilt auch für die unmittelbar eingegangenen Ersuchen österreichischer Bezirksgerichte; ihnen kann, soweit sie zulässig sind, jetzt ohne weiteres entsprochen werden.

Die erledigten Ersuchen sind in jedem Fall mir zwecks Weitergabe an die Auslandsbehörden vorzulegen; jedoch können Ersuchen saarländischer Behörden unmittelbar zurückgesandt werden.

3. Für die Frage, ob eingehende Rechtshilfeersuchen als zulässig anzusehen sind, gilt folgendes:

a) Zustellungen dürfen nur erfolgen, wenn feststeht, daß durch sie der Zustellungsempfänger nicht wider seinen Willen in eine Lage versetzt wird, in der es ihm nicht möglich ist, seine Rechte in dem Verfahren wahrzunehmen; usw.

b) Die Zustellung von Schriftstücken an Angehörige der Vereinten Nationen und die Vernehmung dieser als Zeugen ist nicht zulässig.

c) Die Vollstreckung eines ausländischen Urteils ohne eine besondere schriftliche Genehmigung seitens der MilReg. ist nicht zulässig. Genehmigungen werden nur nach eingehender Prüfung erteilt und müssen einen besonderen Hinweis auf die in Betracht kommenden Paragraphen der MRG. Nr. 52 und 53 oder auf andere Verbote enthalten.

d) Die Übernahme von Zahlungsverpflichtungen gegenüber von Personen, die im Ausland wohnen, also insbesondere die Verpflichtung zur Zahlung von Unterhalt an im Ausland lebende uneheliche Kinder, kann beurkundet werden, wenn eine Devisengenehmigung der MilReg. nach Art. 1, 2b des MRG. Nr. 53 vorliegt.

4. Für ausgehende Zustellungsersuchen gelten die Bestimmungen zu Ziff. 3a als Richtlinie entsprechend.

5. Für den Rechtshilfeverkehr verbleibt es im übrigen bei den erlassenen allgemeinen Anordnungen, für Zivilsachen insbesondere der Rechtshilfeordnung in Zivilsachen vom 6. September 1931 (PrJMBl. S. 303), für Strafsachen insbesondere den Richtlinien für den Rechtshilfeverkehr mit dem Ausland in Strafsachen vom 27. März 1934 (DJ. S. 403).

2. Schriftwechsel mit dem Ausland, der nicht unter 1 fällt.

1. Schreiben an Behörden ausländischer Staaten, einschließlich der der ausländischen Konsulate im Inland, sind mir auf dem Dienstweg vorzulegen. Die Weitergabe wird durch mich über die in Betracht kommenden Konsulate und Militärmissionen veranlaßt werden.

Schreiben an saarländische Behörden und an amerikanische Konsulate können unmittelbar zur Absendung kommen.

2. Schreiben an Privatpersonen im Ausland und Saargebiet können unmittelbar abgesandt werden, wenn

a) sie lediglich eine Beantwortung der Anfragen oder eine Erledigung der Bitten dieser Personen darstellen oder

b) mit einer von der Justizbehörde ausgehenden Anfrage lediglich eine Auskunft oder eine Mitteilung von dem Empfänger des Schreibens erbeten wird oder

c) sie in keiner Weise die Rechtsstellung des Empfängers oder einer sonstigen Person berühren, die zur Wahrnehmung ihrer Rechte im Inland nicht in der Lage ist.

Sämtliche Schreiben an Privatpersonen mit anderem Inhalt sind mir weiterhin zwecks Weitergabe an die Konsulate und Militärmissionen vorzulegen.

3. Bei der Vorlage des Schriftwechsels ist gemäß dem Runderlaß, betreffend Schriftwechsel mit dem Ausland, vom 25. Februar 1948 - 9341 - IIIa 678 zu verfahren (s. unter II). Bei nach Polen gerichteten Schreiben ist eine polnische Übersetzung beizufügen.

3. Legalisationsersuchen an die Landesmilitärregierung.

Soweit Legalisationen durch die Landesmilitärregierung erfolgen sollen, sind Ersuchen um Beglaubigung und Beurkundung mir zwecks Weitergabe an diese vorzulegen. Im übrigen wird auf die Runderlasse vom 31. März und 26. Mai 1948 — 9101 - Ia 1070 und 1881 — verwiesen.

4. Aufhebung früherer Runderlasse.

Aufgehoben werden folgende Runderlasse:

2. 4. 1947 — 9341 - Ia 391.
30. 6. 1947 — 9341 - Ia 1437.
15. 10. 1947 — 9341 - IIIa 2541.
4. 3. 1948 — 9341 - IIIa 682.
19. 6. 1948 — 9341 - E III 1081.

II. Runderlaß vom 25. Februar 1948. III. a. 678.

1. Anträgen aus dem Ausland ist im Rahmen des Zulässigen zu entsprechen, ohne daß es einer vorherigen oder späteren Vorlage des eingegangenen Schreibens an mich bedarf. Vorzulegen ist mir lediglich das Antwortschreiben.

2. Falls Abschriften von Urkunden oder Auszüge aus Registern zu übersenden sind, ist die Beifügung eines kurzen Anschreibens unbedingt geboten (Anm.: vom Rechtspfleger eigenhändig zu unterzeichnen).

3. Die zur Absendung kommenden Schreiben müssen die vollständige Anschrift des Empfängers mit der Angabe seines Heimatlandes unter Berücksichtigung der jetzigen staatspolitischen Verhältnisse enthalten sowie in verständlicher und flüssiger Sprache ohne Bezugnahme auf die dem Empfänger meist nicht bekannten deutschen gesetzlichen Vorschriften abgefaßt sein (kein unhöflicher Ton, fehlerhaftes Deutsch, Schreibfehler!).

4. Die Schreiben sind vom Richter, Staatsanwalt oder Rechtspfleger grundsätzlich eigenhändig zu unterschreiben. In Ausnahmefällen können sie ausgefertigt werden. Es reicht nicht aus, daß sie als „Auf Anordnung" ergangen von einem Angestellten unterzeichnet werden. (Anm.: Die beigefügten einfachen Abschriften sind nicht zu unterschreiben, GBVfg. § 44, 3; beglaubigte nicht vom Richter oder Rechtspfleger, sondern vom Urkundsbeamten der Geschäftsstelle unter Gegenzeichnung eines weiteren Beamten der Geschäftsstelle, § 4 AVO.GBO. Hesse-Saage-Fischer 1933 S. 394.)

5. Der Beifügung von Briefumschlägen bedarf es nicht. Eingegangenes Rückporto ist bei der absendenden Behörde zu vereinnahmen.

6. Die Briefe sind mir auf dem Dienstweg zuzuleiten, damit die Herren Behördenleiter in der Lage sind, eine Prüfung dahin vorzunehmen, ob den vorstehenden Bestimmungen entsprochen ist.

50. Merkblatt für reichs- und landesrechtliche Erfordernisse bei Auflassungen.

1. Eingetragener Eigentümer (Sperre gemäß Gesetz Nr. 52, Jude?, Inländer?).
2. Vollmachten (öffentliche Beglaubigung evtl. gerichtliche oder notarielle Beurkundung, 181, 313).
3. Grundstücksbezeichnung.
4. Erbschein.
5. Zeugnis des Registergerichts über Zeichnungsberechtigung.
6. Unbedenklichkeitsbescheinigung des Finanzamts.
7. Kosten. (Einheitswertbescheinigung des FinA. Anl. 51, 52).
8. Genehmigungen:
   a) Wohnsiedlungsgesetz (Oberbürgermeister, Landrat);
   b) Preisstopverordnung (Oberbürgermeister, Landrat);
   c) KRG. Nr. 45 und Durchführungsverordnung (Landwirtschaftsamt, Bauerngericht);
   d) GSB. Landgesetz von 1919 (Kulturamt — GSB. Art. IV Ziff. 5 2. Durchführungsverordnung § 1);
   e) GSB. Staatliche Forstaufsichtsbehörde (GSB. VII Ziff. 2);
   f) Gemeindeordnung § 62, Kreisordnung § 26, Aufsichtsbehörde § 107; Ausnahme: Genehmigung des Ministers des Innern evtl. Bescheinigung v. 5. 3. 1949 (GVBl. S. 27);
   g) Vormundschaftsgericht;
   h) Genehmigung des Justizministers nach Gesetz vom 13. August 1948 (Erwerb durch juristische Personen und Ausländer);
   i) Entschuldungsamt (Verordnung über die Veräußerung von Entschuldungsbetrieben vom 6. Januar 1937).
9. Ehemännliche Zustimmung.
10. Eidesstattliche Versicherung nach AVO. 1 Ziff. 3b und 5c 2 bzw. Art. IV, Gesetz Nr. 52 bzw. Allgemeine Genehmigungen Nr. 2, 3, 5, 9, 10, 12 bzw. besondere Genehmigung der MilReg.

11. Spruchkammerbescheide AVO. 1 Ziff. 3b 2.
12. Bescheinigung aus Sperrliste und Sperregister.
13. Anfrage bei Landeszentralbank oder Amt für Vermögenskontrolle und Wiedergutmachung (jüdisches Vermögen).
14. Feldbereinigung (Kulturamt).
15. Belastungen.
16. Vorkaufsrecht nach
    a) Reichssiedlungsgesetz § 4: Gemeinnütziges Siedlungsunternehmen;
    b) Hessisches Landgesetz 1919 und Art. 3 Verordnung vom 15. April 1937 (RGBl. I S. 546);
    c) Reichsheimstättengesetz § 11: Ausgeber.
    d) Aufbaugesetz vom 25. 10. 1948 § 10.
17. Zustimmung des Ausgebers einer Heimstätte bei
    a) Teilung (auch Erbteilung);
    b) Vereinigung oder Zuschreibung;
    c) Belastung.
18. Zustimmung des Arbeitsministers zur Löschung der Eigenschaft als Heimstätte.

Eidesstattliche Versicherung nach AVO. 1 Ziff. 3b 2 (für Beurkundungen).

Wir, die Erschienenen versichern hiermit an Eides Statt, daß die beantragte Amtshandlung (Beurkundung des Vertrags und seine Genehmigung sowie seine Wahrung im Grundbuch) und das zugrundeliegende Rechtsgeschäft nach unserem besten Wissen und Gewissen weder die Übertragung von Rechten, Ansprüchen, Besitz oder Eigentum, das einer Person gehört, deren Vermögen durch die Militärregierung gesperrt ist, noch eine Geldzahlung durch eine solche Person, noch die Verminderung oder Beeinträchtigung des Wertes solchen Vermögens zur Folge haben wird, und daß unser Vermögen nicht durch die Militärregierung und auch nicht auf Grund des Gesetzes zur Befreiung von Nationalsozialismus und Militarismus vom 5. März 1946 und der 8. Durchführungsverordnung dazu gesperrt oder Sicherungsmaßnahmen unterstellt ist. Die strafrechtlichen Folgen einer falschen Erklärung sind uns bekannt.

Eidesstattliche Versicherung nach AVO. 1 Ziff. 5c 2.

(Für Eintragungen, Löschungen usw. auf einem vom Amt zu liefernden Formular.)

Ich (wir) versichere(n) an Eides Statt, daß weder durch die von mir (uns) beantragte Eintragung in das Grundbuch

für .... Bezirk .... Blatt ....

noch durch das ihr zugrundeliegende Rechtsgeschäft ein Anspruch hinsichtlich Besitz oder Eigentum einer Person übertragen wird, deren Vermögen durch die Militärregierung gesperrt ist, auch nicht der Wert solchen Vermögens vermindert oder beeinträchtigt wird.

Ich (wir) versichere(n) weiter an Eides Statt, daß Sicherungsmaßnahmen gemäß dem Gesetz vom 5. März 1946. betreffend Entnazifizierung und Entmilitarisierung, nicht angeordnet worden sind, und daß eine Sperre nach diesem Gesetz und der 8. Durchführungsverordnung nicht besteht.

Die strafrechtlichen Folgen der Abgabe einer falschen eidesstattlichen Versicherung sind mir (uns) bekannt.

Ort. Datum. Unterschrift.

(Beglaubigung nicht erforderlich.)

51. Gesetz über Maßnahmen auf dem Gebiet des Justizkostenwesens.

Vom 9. November 1948 (GVBl. S. 151). (Zuschlagsgesetz.)

§ 1. (1) Zu den im 2. und 3. Abschnitt des Gerichtskostengesetzes bestimmten Gebühren wird ein Zuschlag in Höhe von 25% erhoben.

(2) Die im 4. Abschnitt des Gerichtskostengesetzes bestimmten Gebühren werden in der Weise erhöht, daß zu den Gebühren des § 52, 1 ein Zuschlag von 100%, zu den übrigen Gebühren ein solcher von 25% erhoben wird. Ferner fällt die im § 52, 2 bestimmte Höchstgrenze der Gebühr von 1000 DM fort.

§ 2. (1) Zu den in der Kostenordnung im ersten Teil 2. und 3. Abschnitt sowie im zweiten Teil bestimmten Gebühren wird ein Zuschlag von 25% erhoben. Bei Rahmengebühren tritt der Zuschlag zu der im Einzelfall nach den bestehenden Bestimmungen innerhalb des Rahmens ermittelten Gebühr hinzu.

(2) Die Notare haben den Zuschlag zu den ihnen zufließenden Gebühren an die Staatskasse abzuliefern.

(3) Für die Einsicht des Grundbuchs sowie des Handels-, Vereins-, Güterrechts-, Schiffs- und Schiffbauregisters und des Kabelbuchs wird in Abweichung von den §§ 68 und 83 der Kostenordnung eine Gebühr von 2 DM erhoben.

(4) Der § 124 der Kostenordnung tritt außer Kraft.

§ 3. Zu den nach dem Gebührenverzeichnis der Justizverwaltungskostenordnung sowie nach den in § 17 Abs. 1 Nr. 1, 3, 5 bis 7, 9 und 10 der Justizverwaltungskostenordnung bezeichneten Sondervorschriften zu erhebenden Gebühren tritt ein Zuschlag von 25%. Die Vorschrift in § 2 Abs. 1 Satz 2 dieses Gesetzes gilt entsprechend.

§ 4. Die in § 71 Abs. 4 des Gerichtskostengesetzes, § 138 Abs. 2 der Kostenordnung und § 4 Abs. 2 der Justizverwaltungskostenordnung bestimmte Schreibgebühr wird auf 35 DPf erhöht.

§ 5. Die nach den §§ 1, 2 Abs. 1 und § 3 zu erhebenden Zuschläge werden für sich auf volle deutsche 10 DPf aufgerundet.

§ 6. Der in § 7 Abs. 1 des Gerichtskostengesetzes und § 26, 3 der Kostenordnung bestimmte Mindestbetrag einer Gebühr beträgt 3 DM.

§ 7. Zu den in der Justizbeitreibungsordnung bestimmten Gebühren wird ein Zuschlag von 25% erhoben, der auf den nächsten durch 5 teilbaren Pfennigbetrag nach unten abzurunden ist.

§ 8. Die zur Durchführung dieses Gesetzes erforderlichen Bestimmungen werden von dem Minister der Justiz im Verwaltungsweg erlassen.

§ 9. Dieses Gesetz tritt mit Wirkung vom 1. Oktober 1948 in Kraft und am 31. März 1950 außer Kraft. Soweit in der Zeit zwischen dem 1. Oktober 1948 und der Verkündung dieses Gesetzes Gebühren angefordert oder in den gesetzlich vorgeschriebenen Fällen als Vorauszahlung gezahlt worden sind, werden sie durch dieses Gesetz nicht berührt.

52. Verordnung über die Kosten im Verfahren vor den Landwirtschaftsbehörden und den Bauerngerichten auf Grund der Verordnung zur Durchführung des Kontrollratsgesetzes Nr. 45 vom 11. Juli 1947.

Vom 31. Oktober 1948 (GVBl. S. 44).

Auf Grund des § 34 der Verordnung zur Durchführung des Kontrollratsgesetzes Nr. 45 vom 11. Juli 1947 (GVBl. S. 44) wird im Einvernehmen mit dem Minister für Landwirtschaft, Ernährung und Forsten sowie dem Minister der Finanzen bestimmt:

§ 1. Anwendbarkeit der Kostenordnung.

(1) Für die Gebühren und Auslagen im Verfahren vor den Landwirtschaftsbehörden und den Bauerngerichten auf Grund der Durchführungsverordnung (DurchfVO.) vom 11. Juli 1947 (GVBl. S. 44) gelten, soweit nicht nachstehend

etwas anderes bestimmt ist, die Vorschriften der Kostenordnung (KostO.) vom 25. November 1935 (RGBl. I S. 1371) entsprechend.

(2) Soweit zu den Gebühren der Kostenordnung Zuschläge zu erheben sind, findet diese Regelung auch auf die Gebühren dieser Verordnung Anwendung.

§ 2. Geschäftswert.

(1) Bei Verfahren auf Grund der §§ 2, 3 der Durchführungsverordnung und auf Grund der Landbewirtschaftungsordnung vom 11. Juli 1947 (GVBl. S. 52) sowie bei Verfahren auf Erteilung der Genehmigung zur Abgabe von Geboten in der Zwangsversteigerung bestimmt sich der Geschäftswert nach § 24 KostO.; er darf jedoch nicht auf mehr als 10 000 DM angenommen werden.

(2) Im Erbauseinandersetzungsverfahren bestimmt sich der Geschäftswert nach dem Wert der den Gegenstand der Auseinandersetzung bildenden Vermögensmasse.

(3) Der Geschäftswert bestimmt sich

1. bei Verfahren über die Genehmigung
   a) einer Veräußerung,
   b) einer Nießbrauchsbestellung,
   c) einer Verpachtung,
   d) einer Belastung,
   e) eines Verpflichtungsgeschäfts, das eine Veräußerung oder Belastung zum Gegenstand hat,

   nach der Hälfte des Werts, der für die Gebührenberechnung im Falle der Beurkundung des Rechtsgeschäfts maßgebend sein würde, auf das sich das Verfahren bezieht;
2. bei einem Verfahren auf Grund des § 4 Absatz 2 bis 4 Durchführungsverordnung nach dem Wert des zu leistenden Ausgleichs.

§ 3. Gebührensätze.

(1) Die volle Gebühr wird erhoben

1. für Verfahren auf Grund der §§ 2, 3, 4 Absatz 2 und 3 der Durchführungsverordnung;
2. für Verfahren über die Genehmigung einer Veräußerung, einer Nießbrauchbestellung, einer Belastung, eines Verpflichtungsgeschäfts, das eine Veräußerung oder Belastung zum Gegenstand hat, und einer Verpachtung;
3. für Verfahren, welche betreffen
   a) die Anordnung der Wirtschaftsüberwachung,
   b) die Anordnung der Verwaltung durch einen Treuhänder,
   c) die Verpflichtung zur Verpachtung und die Anordnung der Zwangsverpachtung einschließlich weiterer Maßnahmen nach den §§ 13 und 14 der Landbewirtschaftungsordnung.

(2) Wird das Verfahren nach Absatz 1 Ziffer 1 durch einen vor dem Gericht abgeschlossenen Vergleich, durch Zurücknahme des Antrags oder durch Verzicht auf die Entscheidung beendigt, ermäßigt sich die volle Gebühr auf ein Viertel.

(3) Die Gebühren für Eintragungen im Grundbuch werden besonders erhoben.

4) Die Hälfte der vollen Gebühr wird erhoben für Verfahren, welche betreffen

a) die Aufforderung zur ordnungsmäßigen Bewirtschaftung,
b) die Aufhebung der Wirtschaftsüberwachung und der Verwaltung durch einen Treuhänder.

(5) Ein Viertel der vollen Gebühr wird erhoben:

a) für die Erteilung des Zeugnisses gemäß § 10 Absatz 2 Durchführungsverordnung,

b) für die Erteilung oder Versagung der Genehmigung zur Abgabe von Geboten in der Zwangsversteigerung.

§ 4. Erbauseinandersetzungsverfahren.

Für die Erbauseinandersetzung gemäß § 16 Absatz 3 Durchführungsverordnung werden die gleichen Gebühren erhoben wie für die Beurkundung eines Auseinandersetzungsvertrags entsprechenden Inhalts. Diese Gebühren verdoppeln sich, falls es zu einer Sachentscheidung kommt.

§ 5. Anträge auf gerichtliche Entscheidung.

Wird gegen die Entscheidung der Landwirtschaftsbehörde gemäß § 15 Absatz 3 der Durchführungsverordnung Antrag auf gerichtliche Entscheidung gestellt, so wird neben der bei der Landwirtschaftsbehörde entstandenen Gebühr für das Verfahren vor dem Bauerngericht, soweit der Antrag verworfen oder zurückgewiesen wird, eine Gebühr in Höhe der Hälfte der vollen Gebühr erhoben Wird der Antrag zurückgenommen, so ermäßigt sich die Gebühr auf ein Viertel der vollen Gebühr.

§ 6. Gebühren im Beschwerdeverfahren.

Im Beschwerdeverfahren vor dem Bauernobergericht (§ 18 Absatz 2 Satz 2 Durchführungsverordnung) gilt § 123 Absatz 1 und 2 KostO. entsprechend.

§ 7. Gebührenermäßigung.

Wird außer in den Fällen des § 5 ein Antrag oder eine Beschwerde zurückgenommen, bevor der Gegner zur Äußerung aufgefordert oder Termin zur mündlichen Verhandlung bestimmt ist oder wird ein Antrag oder eine Beschwerde als unzulässig verworfen, so wird die Gebühr nur zur Hälfte erhoben.

§ 8. Kostenbefreiung der Landwirtschaftsbehörde.

(1) Die Landwirtschaftsbehörde ist von der Zahlung der Kosten befreit.

(2) Im übrigen entscheidet bei Verfahren, die auf einem Antrag oder einer Beschwerde der Landwirtschaftsbehörde beruhen, das Bauerngericht nach billigem Ermessen darüber, ob den anderen am Verfahren Beteiligten die Kosten ganz oder teilweise aufzuerlegen sind.

§ 9. Kostenfreiheit.

Das Gericht kann aus besonderen Gründen anordnen, daß von der Erhebung von Gerichtskosten ganz oder teilweise abgesehen wird. Diese Entscheidung kann nur zugleich mit der Entscheidung über die Hauptsache ergehen (§ 12).

§ 10. Verteilung der Kosten.

(1) Sind an einem Verfahren mehrere Personen beteiligt, so entscheidet das Gericht nach billigem Ermessen darüber, wer die Kosten zu tragen hat und wie die Kosten zu verteilen sind.

(2) Es kann dabei bestimmt werden, daß auch die außergerichtlichen Kosten ganz oder teilweise zu erstatten sind. Die Vorschriften der §§ 103—107 der Zivilprozeßordnung finden entsprechende Anwendung.

§ 11. Fälligkeit.

(1) Gebühren und Auslagen werden erst fällig, wenn das Verfahren in dem Rechtszug beendet ist.

(2) Kostenvorschüsse werden nicht erhoben.

(3) Kosten, die in dem Verfahren vor den Landwirtschaftsbehörden erwachsen, werden erforderlichenfalls im Wege des Verwaltungszwangsverfahrens durch das Finanzamt eingezogen.

§ 12. Tragung der Kosten und Festsetzung des Geschäftswerts.

(1) Über die Pflicht zur Tragung der Kosten ist zugleich mit der Entscheidung über die Hauptsache zu erkennen. Die Anfechtung der Entscheidung über den Kostenpunkt ist unzulässig, wenn nicht gegen die Entscheidung in der Hauptsache ein Rechtsmittel eingelegt wird.

(2) Den Geschäftswert setzt die Landwirtschaftsbehörde und im gerichtlichen Verfahren der Vorsitzende des Bauerngerichts fest.

§ 13. Erinnerung.

Über Erinnerungen des Kostenschuldners oder der Staatskasse gegen den Ansatz von Gebühren und Auslagen sowie über Erinnerungen im Kostenfestsetzungsverfahren entscheidet der Vorsitzende des Bauerngerichts bzw. des Bauernobergerichts. Die Entscheidungen sind gebührenfrei.

§ 14. Beschwerde.

Beschwerden gegen Entscheidungen über den Ansatz von Kosten oder gegen die Festsetzung von Kosten im Kostenfestsetzungsverfahren sind nur zulässig, wenn der Wert des Beschwerdegegenstandes den Betrag von 50 DM übersteigt. Über die Beschwerde entscheidet das Bauernobergericht.

§ 15. Gebühren der Rechtsanwälte.

(1) Soweit es sich nicht um ein gebührenfreies Nebengeschäft des beurkundeten Notars handelt, finden im Verfahren vor der Landwirtschaftsbehörde und vor dem Bauerngericht die für bürgerliche Rechtsstreitigkeiten geltenden Vorschriften der Deutschen Gebührenordnung für Rechtsanwälte sinngemäß Anwendung. Volle Gebühr im Sinne jener Gebührenordnung ist die Gebühr des § 26 KostO.

(2) Im Beschwerdeverfahren erwachsen die gleichen Gebühren wie im ersten Rechtszug.

(3) Die Gebühren bemessen sich nach dem für die Berechnung der Gerichtsgebühren maßgebenden Geschäftswerte. Die Vorschriften der §§ 12 Absatz 2, 14 dieser Verordnung finden entsprechende Anwendung.

§ 16. Gebühren und Auslagen der Zeugen, Sachverständigen und Gerichtsvollzieher.

(1) Für die Gebühren und Auslagen der Zeugen und Sachverständigen gelten die Vorschriften der Deutschen Gebührenordnung für Zeugen und Sachverständige sinngemäß.

(2) Für die Gebühren und Auslagen der Gerichtsvollzieher gelten die Vorschriften der Deutschen Gebührenordnung für Gerichtsvollzieher sinngemäß.

§ 17. Übertragung von Befugnissen.

Die in den §§ 9 und 10 dem Bauerngericht übertragenen Befugnisse werden im Verfahren nach § 15 Absatz 1 und 2 Durchführungsverordnung von der Landwirtschaftsbehörde wahrgenommen.

§ 18. Inkrafttreten.

Diese Verordnung tritt mit Wirkung vom 24. April 1947 in Kraft. Soweit die Kosten bis jetzt anderweit festgesetzt wurden, behält es dabei sein Bewenden.

Sachregister.

FSC
www.fsc.org
MIX
Papier | Fördert gute Waldnutzung
FSC® C083411

Kolibri 360 GmbH
Ferdinand-Jühlke-Straße 7
99095 Erfurt, Deutschland
produktsicherheit@kolibri360.de